Wer bringt den
Bürgermeister ins Bett?

Peter-A. Reischauer

Wer bringt den Bürgermeister ins Bett?

Ein Bremer Protokollchef erinnert sich

Edition Temmen

Die Deutsche Bibliothek verzeichnet diese Publikation in der Deutschen Nationalbibliografie; detaillierte bibliografische Daten sind im Internet über http://dnb.ddb.de abrufbar.

Peter-A. Reischauer, geboren 1939 in Cuxhaven, studierte Rechts- und Staatswissenschaften in Bonn und Hamburg. Nach dem Referendariat begann er Ende 1968 als Referent in der Senatskanzlei der Freien Hansestadt Bremen – zuletzt als Senatsrat. Im Rathaus war er in verschiedenen Referaten tätig. Schwerpunkt der Arbeit war über viele Jahre die Leitung der Abteilung Protokoll und Auswärtige Angelegenheiten. Im September 2003 trat er in den Ruhestand.

Hohenlohestraße 21
28209 Bremen
Tel. 0421-34 84 3-0
Fax 0421-34 80 94
info@edition-temmen.de
www.edition-temmen.de

Gesamtherstellung: Edition Temmen
ISBN 978-3-8378-1030-1

Inhalt

Wie wird man eigentlich Protokollchef des Bremer Senats?

Staatsbesuche und andere offizielle Visiten

Königlicher Besuch in Bremerhaven 11
Königlicher Besuch in Bremen 14
Besuch eines Großherzogs mit Gattin 17
Finnland in Bremen 20

Hubschrauberflüge

I.I.E.E. König Juan Carlos und Königin Sophia von Spanien 22
Antrittsbesuch von Bundespräsident Gustav Heinemann und Gattin 26
Besuch beim außerordentlichen und bevollmächtigten Botschafter der Republik Frankreich in Bonn 28

Auslandsreisen

Wie man unverhoffte offizielle Einladungen bekommt 31
Über den Ruf der Deutschen in China 33
Ausflug in Peking 37
Wie man in Singapur Getränke bestellt 40
Besuch in Thailand 43
Über gute und schlechte Deutsche 45
Plattdütsch in New York 48
Besuch in Albuquerque 50
Die Kofferaffäre 52
Das Missverständnis 54
Über Niederländer und Belgier 55
Der Schreck mit dem Scheck 56
Corinto / Nicaragua 58

Ein Premierminister gibt sich die Ehre und wahrt Chinas Gesicht 61

Was einem sonst so im Rathaus passiert

Die Tapete aus Texas 64
Wie Simon Bolivar in das Rathaus kam 65
Geschichte zu einem früheren Briefkopf der Senatskanzlei 73
Von der Ausstattung von Dienstfahrzeugen 74
»Die Klage Bremens« kommt ins Rathaus 76
Die Sache mit dem Schrein 80
Wo ist der Haupteingang des Bremer Rathauses? 83

Geschenke

Ein Geschenk für Henry Kissinger 85
Die Weincontainer 87
Das Batak-Haus 88
Ein Geschenk zum Bicentennial 90

Speisekarten

Namensprobleme 95
Die Versuchung 95
Black Dog 96
Wie man eine Speisekarte in die französische Sprache übersetzt 98
Eine besondere Speisekarte 100

Empfänge

Bremen-Empfang im One World Trade Center New York 101
Der ausgefallene Empfang im Country Club in New Orleans 104
Ein Bremen-Empfang in Tokio 105
Empfang in Nicaragua 107

Nachtrag 111
Ehrenbürger von New Orleans 111

Über das Protokoll und das gute Benehmen

Ordensverleihungen

Die Bremer Stadtmusikanten
Wie die Bremer Stadtmusikanten nach Japan kamen 121
Die Bremer Stadtmusikanten und die Solidarität 125

Geschichten über die Bürgermeister
Aufforderung zum Tanz und die Goldene Bädermedaille 127
Sommertheater im Rathaus 128
Mein Lieblingswitz 130
Späth über Koschnick 130
Nicht nur ein Händedruck 131
Ein Rathaus-Geschenk für den Chef 132

Literatur

Bildnachweis

Wie wird man eigentlich Protokollchef des Bremer Senats?

Sie glauben nicht, wie oft ich diese Frage im Laufe von über zwanzig Jahren meiner Berufstätigkeit gehört habe.

Bis heute weiß ich darauf leider keine Antwort.

Sicher ist nur, dass weder die Handels- noch die Handwerkskammer einen entsprechenden Ausbildungsgang kennen und auch Hochschulen und Fachhochschulen keinen solchen Studiengang in ihren Lehrplänen anbieten.

Ich bin aus Zufall Protokollchef geworden. Und wenn jemandem dieser Beruf gefällt, bleibt er lange Protokollchef. Ich fand den Beruf ungeheuer abwechslungsreich und spannend. Immer konnte irgendetwas schiefgehen, für das man dann die Verantwortung übernehmen musste, wenn man das Problem nicht rechtzeitig erkannte und den Fehler korrigierte. Dass man als Protokollchef auch überraschende, witzige und kuriose Dinge erlebt, soll in diesem Buch geschildert werden.

Wenn Sie mich jetzt aber fragen, was denn ein Protokollchef eigentlich ganz genau macht, kann ich nur so ausschweifend antworten, dass Sie dieses Buch sofort wieder aus der Hand legen. Das möchte ich vermeiden.

Ich überlasse daher die Antwort meiner damals dreijährigen Tochter, die eines Abends von einer Bekannten gefragt wurde, was denn der Papa noch um diese späte Zeit im Dienst mache.

Meine Tochter antwortete: »Mein Papa ist im Rathaus und bringt Herrn Toschnick ins Bett!«

Staatsbesuche und andere offizielle Visiten

Bei der Organisation und Durchführung von Staatsbesuchen kann sich eine Protokollabteilung so richtig gut beweisen. Alle sind gefordert. Ein Besuchsprogramm wird entwickelt, Einladungen müssen rechtzeitig für jede einzelne Veranstaltung geschrieben und verschickt werden, Fahrzeugkolonnen werden zusammengestellt und Tischordnungen erdacht. Daneben werden Pressetermine vereinbart und Absprachen über Sicherheitsprobleme getroffen. Alles muss klappen, und selbstverständlich geht auch vieles daneben.

Gerade dann ist der Protokollchef gefragt. Er muss improvisieren, um den Fehler zu verdecken, bei Missgeschicken fröhlich und zuversichtlich lächeln und sich manchmal gute Ausreden einfallen lassen, um die Panne zu überspielen.

Elfter Staatsbesuch Kaiser Wilhelm II. am 10. März 1901:
Vorfahrt vor dem Rathaus. Empfang im Ratskeller

Staatsbesuch des polnischen Ministerpräsidenten am 31. März 1992: Vorfahrt am Flughafen

Meine persönliche Statistik ergab im Durchschnitt zehn bis zwölf Pannen pro Staatsbesuch.

Königlicher Besuch in Bremerhaven

Die größte berufliche Herausforderung für einen Protokollchef ist die Vorbereitung und Durchführung eines Staatsbesuches für Ihre Majestät Elisabeth II., Königin des Vereinigten Königreiches von Großbritannien und Irland. Die Queen besuchte im Mai 1978 Bremerhaven und Bremen.

Sie kam mit 25-jähriger protokollarischer Erfahrung im Hintergrund, denn sie war 1953 zur Königin gekrönt worden und seitdem Tag für Tag in Großbritannien und dem Commonwealth protokollarisch gefordert. Ich hatte gerade einmal zehn Jahre Tätigkeit im Protokoll des kleinsten deutschen Bundeslandes hinter mir.

Selbstverständlich liefen die Vorbereitungen für diesen Staatsbesuch schon Wochen vorher minutiös an. Da der erste offizielle Auftritt in Bremerhaven stattfinden sollte, begannen die detaillierten Planungen vor Ort an der Kaje des Columbusbahnhofs, an dem die königliche Yacht »Britannia« festmachen sollte. Alle Fachleute waren anwesend, um für Fragen des persönlichen Sekretärs der Queen, des britischen Botschafters und seiner Mitarbeiter, die aus Bonn angereist waren, sachkundig Auskunft geben zu können.

Man bestimmte den Platz, an dem die Gangway vom Schiff an der Kaje enden sollte, man legte den Platz für den eingeflogenen Rolls-Royce Ihrer Majestät fest – natürlich direkt vor dem Ende des roten Teppichs – und machte dann eine Probefahrt zum Deutschen Schifffahrtsmuseum, der nächsten Etappe des Staatsbesuches.

Bedauerlicherweise wurden einige Kleinigkeiten übersehen.

Der Morgen des offiziellen Besuches an der Columbuskaje begann. Die »Britannia« lag prächtig hergerichtet am Kai – sie war in der Nacht zuvor aus England gekommen.

Als die Queen oben am Beginn der Gangway erschien und freundlich winkte, brauste der Applaus der anwesenden Bremerhavenerinnen und Bremerhavener auf. Ihre Majestät blickte huldvoll und begab sich auf den Weg die Gangway hinab zu den wartenden Honoratioren nebst Staatskarossen.

Alles wäre ideal gewesen – hätten wir bei den Vorbereitungen zwei Dinge bedacht. Erstens hatte die Weser den höchsten Stand der Flut erreicht – die Gangway war also sehr steil. Sodann war die Nacht zuvor ungewöhnlich feucht gewesen, und die Feuchtigkeit hatte der dicke rote Teppich auf der Gangway begeistert aufgesogen.

Die Queen ging also gemessenen Schrittes die steile, feuchte Gangway hinab und hielt sich an den beiden Stahlrohrgeländern rechts und links fest. In der Mitte der Gangway konnte sie sich nicht mehr halten und kam ins Rutschen. Sie rutschte etwa fünf Meter hinunter. Um nicht zu stürzen, hielt sie sich eisern an den beiden Handläufen des Geländers fest. Keinen Augenblick verließ das huldvolle Lächeln ihr Gesicht.

Queen Elisabeth II. mit neuen Handschuhen am 25. Mai 1978 in Bremerhaven

Am Ende der Gangway angekommen, nickte sie dem Präsidenten des Senats und dem Oberbürgermeister von Bremerhaven, die mit ihren Gattinnen zur Begrüßung bereitstanden, freundlich zu.

Dann wandte sie sich mit gemessener Bewegung an die sie begleitende erste Hofdame, zog ihre weißen Seidenhandschuhe aus, die durch das Rutschen in den Handflächen völlig zerschlissen waren, und bat um ein neues Paar. Die Innenseiten ihrer Hände waren aufgescheuert, und etwas Blut war zu sehen.

Sie zog die frischen Handschuhe an – es waren jetzt schwarze Stoffhandschuhe – und bat die anwesenden Honoratioren um Verständnis dafür, dass sie niemandem die Hand geben könne, ihre Hand sei leider ein wenig strapaziert. Dann bestieg sie freundlich winkend ihren Rolls-Royce, um zum Museum zu fahren.

Selbst in den später gezeigten Filmen des Fernsehteams, das die Ankunft gefilmt hatte, sah man weder das gefahrvolle Rutschen der Queen noch die zerstörten Handschuhe. Beides hatte ihre Majestät gekonnt überspielt.

Sie hatte eben die Erfahrung aus 25 Jahren protokollarischen Auftretens.

Königlicher Besuch in Bremen

Die Queen hatte ihren Besuch in Bremerhaven gekonnt absolviert, war mit ihrer Yacht »Britannia« in der Nacht weseraufwärts bis in das Wendebecken des Bremer Überseehafens gefahren und frühstückte jetzt dort bei schönstem Sonnenwetter zusammen mit ihrem Mann Prinz Philip Mountbatten, Herzog von Edinburgh. Wir schreiben den 26. Mai 1978. Es ist der Tag des Staatsbesuches in Bremen.

Am frühen Morgen hatte ihr persönlicher Sekretär die für die Organisation des Besuchsprogramms Verantwortlichen zum Anleger an die Schlachte gebeten. Wir sollten Ihrer Majestät vor Beginn des Programms in Bremen vorgestellt werden. An der Schlachte warteten der Bremer Polizeipräsident, Herr Dr. Eberhard Heuer, Protokollchef des Senats, der die Queen in Bremen ständig begleiten sollte, und ich, der als stellvertretender Protokollchef den Besuch vorbereitet hatte und nun in Bremen den Herzog von Edinburgh begleiten sollte.

Nach einiger Zeit tauchte ein mächtiges Beiboot der »Britannia« vor dem Anleger auf, das von zwölf Seeleuten gerudert wurde. Beim Anlegen stellten sie ihre Ruder steil auf. Das Boot glitt langsam an den Martinianleger. Ich kannte ein solches Manöver nur aus historischen Marinefilmen und stieg beeindruckt an Bord. Die zwölf Seeleute verließen rudernd den Anleger. Die Bremerinnen und Bremer auf der Schlachte machten fortwährend Fotos. Man fühlte sich geehrt und genoss das prächtige Bild.

Als das Boot außer Sichtweite des Anlegers gekommen war, legten die Seeleute ihre Ruder seitlich an, und der am Heck sitzende Steuermann startete einen verdeckt liegenden Motor, der uns schnell und sicher in das Wendebecken des Bremer Überseehafens brachte. Auf diese Weise lernte ich sofort, was die Briten unter moderner Monarchie im traditionellen Stil verstehen.

Der Polizeichef und das Protokoll begaben sich gemessenen Schrittes an Bord der »Britannia«, wurden unter Deck geführt und trafen vor einer kleinen Tür den persönlichen Sekretär Ihrer Majestät, den wir schon von den Besuchsvorbereitungen kannten.

»Meine Herren«, sagte er, »es ist der Wunsch Ihrer Majestät, Ihnen vor Beginn ihres Besuches in der Freien Hansestadt Bremen den Dank für die Mühen auszusprechen, die Sie mit der Vorbereitung der Visite gehabt haben.

Gestatten Sie mir einige Hinweise. Sie brauchen sich, wenn Sie der Königin vorgestellt werden, nicht über die Maßen tief zu verneigen. Bitte richten Sie nicht ungefragt das Wort an Ihre Majestät, sondern antworten Sie nur kurz auf alle Fragen, die Ihre Majestät Ihnen stellt. Wenn die Audienz beendet ist, gehen Sie bitte nicht rückwärts aus dem Raum und machen Sie bitte vor dem Verlassen des Raumes keine devote Verbeugung.«

Dann öffnete er die Tür.

In einem engen Raum saß die Queen auf einem kleinen etwas erhöht stehenden Thron. Neben ihr stand fröhlich lächelnd der Herzog von Edinburgh. Ich war von dem Bild derart beeindruckt, dass ich nicht richtig erinnere, was Ihre Majestät zu uns gesagt hat. Nur als sie zu mir von ihren verletzten Händen an der Gangway in Bremerhaven sprach, lächelte ich verlegen und verstand sie. Sie wusste, dass ich alles beobachtet hatte, und bat auf diese Weise, den Vorfall zu vergessen.

Jeder von uns bekam als Andenken an die Audienz ein Foto der Queen und ihres Ehemannes mit ledernem Rahmen. Das Foto war handschriftlich von beiden signiert.

Dann verließen wir – der Queen als aufrechte Demokraten den Rücken zeigend – tief beeindruckt den Audienzsaal.

Das königliche Paar kam mit demselben Beiboot eine Stunde später am Martinianleger an. Die Sonne schien, und der Weg, den wir vom Martinianleger durch die Böttcherstraße über den Marktplatz bis zum Rathaus gingen, war von Tausenden von Neugierigen gesäumt. Sie wurden vorsichtig von Polizisten in Zivil zurückgehalten.

Während die Queen freundlich lächelnd ihren Weg ging, hatte ich mit dem Herzog von Edinburgh so meine Probleme. Er blieb ständig stehen, plauderte mit den Schaulustigen und ließ sich mit ihnen zusammen fotografieren. Ständig nahmen Presseleute, aber auch Besucher hinter der zügig gehenden Queen den Platz ein, und ich musste versuchen, meinen Herzog so zu steuern, dass er wenigstens einigermaßen gleichzeitig mit seiner Gattin den Rathauseingang erreichte. Das kostete Schweiß und gelang auch nicht ganz. Aber Ihre Majestät kannte ihren Gatten. Kurz vor der Rathaustreppe blieb sie stehen und wartete, bis Prinz Philip seine Honneurs hinter sich gebracht hatte. Beide verbeugten sich vor der applaudierenden Menschenmenge und betraten das Rathaus.

Der Bürgermeister geleitet die Königin ins Rathaus

Im Programm standen als Erstes der Gang in den Kaminsaal des Bremer Rathauses und die Eintragung in das Goldene Buch der Stadt. Auf dem Weg zum Kaminsaal hängt in der ersten Etage vor dem Senatssaal das Bild »Die Klage Bremens« von Franz Radziwill. Es zeigt einen nächtlichen Angriff alliierter Flugzeuge auf Bremen im Zweiten Weltkrieg. Bremen ist schon ziemlich zerstört, und Franz Radziwill malte die Ruinen und angreifende englische Maschinen. Sein Leben lang hat sich Radziwill für Flugzeuge interessiert und diese auch detailgetreu dargestellt.

Queen Elisabeth sieht im Vorbeigehen kurz auf das Bild und wendet sich dann an ihren Ehemann.

»Philip«, sagt sie, »aren't that Lightnings?«

Tatsächlich ist eine Lockheed P-38 »Lightning« zu erkennen. Und ich erinnere mich, dass mir irgendwann mein Vater gesagt hat, dass die Queen als junges Mädchen im Zweiten Weltkrieg auf britischen Flugplätzen gearbeitet hat und sogar einen Kurs für den Landesdienst mit Fahrerausbildung für schwere Fahrzeuge absolviert und bestanden hat. Sie kannte also die Flugzeugtypen.

Ausschnitt aus dem Bild »Die Klage Bremens« (Franz Radziwill), das untere Flugzeug ist eine »Lightning«

Großadmiral Philip Mountbatten hat übrigens ebenso verständnislos geguckt wie die übrige Begleitung. Franz Radziwill hätte sich gefreut.

Besuch eines Großherzogs mit Gattin

Anfang März 1977 kündigten S.K.H. Großherzog Jean und I.K.H. Großherzogin Joséphine-Charlotte von Luxemburg ihren Besuch in Bremen an. In ihrer Begleitung reiste Ministerpräsident Gaston Thorn. Die Visite sollte zwei Tage dauern, und Johann I., wie sein Titel im deutschen Sprachraum lautet, wollte mit seiner Gattin per Bahn anreisen. Einen Empfang am Hauptbahnhof zum Beginn eines Staatsbesuchs hatten wir noch nie. Wir alle fanden das sehr reizvoll.

Zunächst musste ich mich allerdings mit einigen protokollarisch notwendigen Kleinigkeiten befassen. Über die Rathausverwaltung fragte der Kalligraf an, der die Eintragung in das »Goldene Buch« schreiben musste, wie denn nun der genaue Titel laute, unter dem sich die Gäste eintragen sollten. Um das zu klären, gibt es einschlägige Literatur.

Ich stellte fest, dass der vollständige Name des Großherzogs ein Problem werden könnte. Er hieß mit Vornamen: Jean Benoît Guillaume Robert Antoine Louis Marie Adolph Marc d'Aviano. Auch die Titel entsprachen in ihrer Vielfalt der Größe Luxemburgs. Sie lauteten: S.K.H. Großherzog von Luxemburg, Herzog von Nassau, Prinz von Bourbon – Parma, Pfalzgraf bei Rhein, Graf zu Sayn, Königstein, Katzenelnbogen und Diez, Burggraf von Hammerstein, Herr von Mahlberg, Wiesbaden, Idstein, Merenberg, Limburg und Eppstein. Die Namen seiner Gattin lauten: Joséphine-Charlotte Ingeborg Elisabeth Marie-José Marguerite Astrid.

Nach diesen Informationen teilte ich der Rathausverwaltung mit, dass »Großherzog Jean und Großherzogin Joséphine-Charlotte von Luxemburg« in das »Goldene Buch« einzutragen sei.

Nach Klärung dieser schwierigen Frage begab ich mich zum Leiter des Bremer Hauptbahnhofs und besprach den äußeren Rahmen der Ankunft. Der Bahnhofschef wollte dafür sorgen, dass der Sonderzug auf Gleis 1 einlaufen könne. Der Weg zum Ausgang war von dort aus kurz, und die normalerweise dort haltenden Regionalzüge wären problemlos umzuleiten.

Als der Bürgermeister kurz vor der Ankunft des Sonderzuges auf Bahnsteig 1 erschien, fand er einen makellosen roten Teppich vor, der von der Bahnsteigkante bis zum Treppenabgang reichte. An der einen Seite war er mit den üblichen Lorbeerbüschen des Gartenbauamtes geschmückt, die im Abstand von zwei Metern in attraktiven Holzkübeln standen. Die andere Teppichseite wurde mit einer dunkelroten Kordel abgesperrt, die von kleinen silbernen Stützen gehalten wurde. Dahinter konnten die Kameraleute und Fotografen ihre Arbeit tun.

Der Zug lief auf Gleis 1 ein. Der Bürgermeister und seine Frau standen an der Bahnsteigkante vor dem ersten Lorbeerbusch. Bremsen quietschten, der Salonwagen näherte sich – und fuhr langsam an dem roten Teppich vorbei, um nach etwa fünfzehn quälenden Metern zum Stehen zu kommen. Direkt vor dem roten Teppich hielt der hintere Abschnitt des Speisewagens. Ein weißgekleideter Koch guckte verblüfft aus dem geöffneten Fenster von oben auf das Empfangskomitee. Er trug eine kleidsame hohe Kochmütze. Schnell schob er das Fenster nach oben und verschwand in seiner Bordküche.

Wir warteten darauf, was nun geschehen würde. Mir fiel blitzartig die gleiche Szene aus dem Chaplin-Film »Der große Diktator« ein. Dort begrüßt der Führer Adolph Hinkel den Duce auf dem Bahnhof, und auch dort fährt der Zug zunächst am roten Teppich vorbei. Hinkel rennt mit Gefolge hinter dem Zug her, der – als Hinkel die Tür mit dem Duce erreicht hat – langsam bis zum roten Teppich zurückfährt.

Der Großherzog und seine Gattin im Bremer Hauptbahnhof

Die Gastgeber bewahrten beim Empfang des Großherzogs von Luxemburg in Bremen jedoch äußerlich eisern Haltung und wurden für ihre Standhaftigkeit durch einen Lokomotivführer belohnt, der den Salonwagen ruhig zurückfahrend bis an den roten Teppich brachte. Man stieg aus, begrüßte sich herzlich und ging gemessenen Schritts zum Bahnhofsausgang.

Der Staatsbesuch des Großherzogs von Luxemburg und seiner Gemahlin in Bremen hatte begonnen.

Finnland in Bremen

Der Ministerpräsident der Republik Finnland, Esko Tapani Aho, beehrte Bremen im Jahr 1994 mit einem Staatsbesuch. Finnland stand damals kurz vor dem Beitritt zur Europäischen Union, und Ministerpräsident Aho hatte hart und erfolgreich dafür gearbeitet.

Beflaggung für den finnischen Staatsbesuch am Rathaus am 4. Oktober 1989

Zu Finnland unterhält Bremen seit Langem sehr gute Beziehungen, hauptsächlich über den Handel. Eine große Tonnage von und nach Finnland lief und läuft über die bremischen Häfen. Der Besuch war auch aus diesem Grunde hochwillkommen.

Zusammen mit einer bremischen Delegation war ich schon vor Jahren in Finnland. Bei einem offiziellen Essen saß ein Herr neben mir, der in einer Firma in einer finnischen Kleinstadt arbeitete. Die Firma produzierte Gummistiefel und Winterreifen für Autos, die sie über Bremen in viele Länder exportierte. Der Herr schilderte mir begeistert eine neue Idee seiner Firma. Man wolle, so berichtete er, zukünftig auch Mobiltelefone bauen. Das mit den Gummistiefeln und den Winterreifen schien mir für Finnland sinnvoll. Aber Mobiltelefone? Das konnte eigentlich nicht gut gehen. Mein Tischnachbar buchstabierte mir damals auch den Namen seiner kleinen Firma: N-O-K-I-A.

Als der finnische Ministerpräsident 1994 nach Bremen kam, hatte ich selbstverständlich schon ein Mobiltelefon aus finnischer Produktion.

Der Besuch war gut geplant und lief völlig problemlos ab. Bis wir die Endabrechnung von dem Hotel bekamen, in dem die ziemlich große Delegation aus Finnland übernachtet hatte. Wir hatten vergessen, bei der Vorbereitung die Minibars in den Räumen zu schließen. Die Delegationsmitglieder hatten sämtliche Minibars leer getrunken. Die Rechnung zahlte übrigens das Auswärtige Amt – es war Gastgeber auch in Bremen.

Seit dem 1. Januar 2009 ist Ministerpräsident a.D. Esko Tapani Aho – nebenbei gesagt – Vizechef des Nokia-Konzerns.

Hubschrauberflüge

I.I.E.E. König Juan Carlos und Königin Sophia von Spanien

Der Staatsbesuch I.I.E.E. König Don Juan Carlos und Königin Donna Sophia von Spanien im April 1977 in Bremen und Bremerhaven bedurfte besonders sorgfältiger Planung, denn die Delegation war sehr groß, und es sollten in kurzer Zeit viele Orte in beiden Städten besucht werden.

Haben Sie schon einmal darüber nachgedacht, wie man ungefähr vierzig große Limousinen und zwölf Motorrad fahrende weiß uniformierte Polizisten vor dem Eingang des Neuen Rathauses so vorfahren

Ich begleite die spanische Königin von der »Hessen« ...

lässt, dass alle Gäste möglichst gleichzeitig zum Festessen in die Obere Halle des alten Rathauses kommen? Dabei ist diese Vorfahrt noch einigermaßen zu bewältigen, denn wenigstens ist vor dem Neuen Rathaus ein großer Vorplatz, wenn man an dem Tag den Aufbau der Marktstände untersagt. Aber fahren Sie mal mit einer solchen Kolonne vor dem Rathaus in Bremerhaven vor!

Noch schwieriger ist es, eine solche Kolonne vom Park-Hotel in Bremen zum Deutschen Schiffahrtsmuseum in Bremerhaven zu bringen. Die Autobahn A 27, die »Schellfischlinie« von Bremen nach Bremerhaven, war im Jahr 1977 noch nicht fertig. Sie wurde erst Anfang der 80er Jahre eröffnet. Wir mussten also mit der riesigen Kolonne über die regelmäßig überlastete Bundesstraße 6 fahren.

Man muss dazu wissen, dass die Fahrzeuge an der Spitze einer Kolonne mit einer Geschwindigkeit von ungefähr 80 bis 100 Stundenkilometer fahren und dass die Geschwindigkeit der dahinter fahrenden Fahrzeuge immer höher wird. Die letzten Fahrzeuge der Kolonne

... zu ihrem Mann vor dem Deutschen Schifffahrtsmuseum

müssen dann mitunter bis zu 160 Stundenkilometer schnell fahren, um die Kolonne zusammenzuhalten. Hinten fahren also immer die besten Fahrer, während vorne in der Kolonne bei den hochoffiziellen Gästen, der Polizei und dem Krankenwagen ein gemächlicheres Tempo angezeigt ist. Querstraßen müssen für die ungehinderte Durchfahrt der Kolonne gesperrt werden. Besonders schwierig ist das an Straßenkreuzungen mit Ampelanlagen, wenn die Ampel der Kolonne rot zeigt und die der Querstraße grün. Hier sind die Kradfahrer der Polizei gefordert.

Also bin ich richtig erleichtert, als alle sicher am Deutschen Schiffahrtsmuseum angekommen sind. Danach fährt die ganze Kolonne zum Containerterminal Bremerhaven. Auch das geht reibungslos, und bei schönstem Wetter werden die Hafenanlagen ausgiebig besichtigt.

Beim anschließenden Kaffee im obersten Stockwerk des Gatehouses der Bremer Lagerhaus Gesellschaft tritt plötzlich die Frau des Bürgermeisters an mich heran und teilt mir ganz vertraulich mit, dass I.M. Königin Sophia große Angst vor dem Rückflug mit dem Hubschrauber vom Container-Terminal zum Park-Hotel habe. Sie würde lieber mit dem Auto zurückfahren.

Den Hubschrauberflug hatte ich eingeplant, um der Delegation den etwas strapaziöseren und zeitraubenden Rückweg per Pkw zu ersparen. Ein Hubschrauberflug war schneller und zugleich nicht so gefahrvoll wie die erneute Fahrt mit der großen Fahrzeugkolonne über die B 6. Die Bundeswehr war auch sofort bereit gewesen, zwei Maschinen abzustellen, die jetzt vor dem Gatehouse auf die hohen Gäste und die Delegationsmitglieder warteten.

Die Bundeswehrhubschrauber sollten direkt vor dem Gatehouse im Containerterminal starten und auf der großen Wiese vor dem Park-Hotel landen. Stellen Sie sich vor, wir hatten extra einen Teil der Rotdornhecke zwischen der Wiese und dem Hoteleingang weggeschnitten, um den kürzesten Weg in das Hotel zu gewährleisten. Alles das war jetzt überflüssig geworden. Das nutzlose Loch in der Rotdornhecke konnte noch lange Zeit von den Besuchern des Hotels und des Bürgerparks besichtigt werden.

Zudem war der größte Teil der Autokolonne zu diesem Zeitpunkt bereits auf dem Rückweg nach Bremen, weil die Wagen für diese Fahrt nicht mehr benötigt wurden. Ich musste schnell handeln. Zunächst stoppte ich die Wagen auf dem Weg nach Bremen. Sie kamen in halsbrecherischer Fahrt zurück zum Gatehouse. Sodann musste ich mich bei den Hubschraubenpiloten dafür entschuldigen, dass ich ihre Dienste nicht in Anspruch nehmen könne. Der Staffelführer, ein Hauptmann, war sichtlich sauer. Ich notierte mir seinen Namen, den er an der Uniform trug, und nahm mir vor, ihm und seinen Kameraden einen Dankesbrief des Bürgermeisters zu schicken. Der persönliche Referent des Königspaares hatte mir einige von Don Juan Carlos und Donna Sophia eigenhändig unterschriebene Fotos gegeben. Zwei von ihnen würden dem Dankesbrief des Bürgermeisters beiliegen. Ich kam gerade von den Hubschraubern zurück, als die Delegation fröhlich plaudernd das Gatehouse verließ. Wie selbstverständlich begleitete ich die Gäste zu ihren Wagen, lief dann vor zum Protokollwagen und gab das Zeichen zur Abfahrt.

Was folgte, war die schlimmste Kolonnenfahrt meines Lebens. Natürlich waren keine Absperrungen der Querstraßen organisiert, und mehr als einmal kamen die hinten fahrenden Wagen in gefährliche Situationen. Doch wir an der Spitze mussten schnell zum Hotel, denn die königlichen Besucher brauchten ausreichend Zeit, sich umzuziehen und frisch zu machen. Zum nächsten Termin, dem offiziellen Essen im Rathaus, wollte man schließlich auch königlich aussehen.

Die Kolonne riss nach kurzer Zeit auseinander, weil am Kopfende nicht mehr auf die Geschwindigkeitsbeschränkungen zugunsten der anderen Fahrer geachtet wurde.

An der Grenze zu Bremen fingen uns dann Kräder der Bremer Polizei ein und geleiteten die Delegation sicher zum Park-Hotel. Die Kolonne war, wie gesagt, an mehreren Stellen gerissen, und die Wagen kamen am Hotel an, lange nachdem das Königspaar im Gebäude verschwunden war.

Das Gemeinste allerdings war, dass die beiden Hubschrauber der Bundeswehr uns im Tiefflug begleiteten und einige Male lustig schaukelnde Bewegungen machten. Die Hubschrauber sahen aus wie diejenigen, in denen Kinder auf Volksfesten ihr Vergnügen haben. Dann bogen sie plötzlich gemeinsam ab. Noch eine Minute länger, und aus dem Dankesbrief des Bürgermeisters und den Autogrammkarten des hohen Paares wäre nichts geworden.

Antrittsbesuch von Bundespräsident Gustav Heinemann und Gattin

Fliegende Hubschrauber wirken vom Boden aus gesehen ungeheuer schön. Die mächtigen Rotoren heben das Fluggerät senkrecht in die Luft, dann neigt sich der Hubschrauber ein wenig nach vorne und fliegt elegant davon. Sitzt man jedoch in dem Hubschrauber, besonders wenn es sich um einen des Bundesgrenzschutzes handelt, ist so ein Flug fürchterlich.

Sie können sich nicht vorstellen, wie laut ein solches Fluggerät ist und wie furchtbar die Rotoren die Maschine durchrütteln! Man muss Hörschutz tragen, um den Krach überhaupt überleben zu können. Mitunter ist man über den Kopfhörer und ein Mikrofon mit dem Mitfliegenden verbunden. Meistens funktioniert das allerdings nicht. Und das ist gut so, denn der Fluglärm wird nur wenig gefiltert und durch das Mikrofon direkt in den Kopfhörer übertragen. Er bildet dadurch den lärmenden Hintergrund für die Stimme des Mitreisenden im Kopfhörer. Sie merken es sicher schon: Ich kann Hubschrauberflüge überhaupt nicht leiden.

I.M. Sophia verzichtete damals auf den Hubschrauberflug. Ob sie oder die Frau des Bürgermeisters Angst hatte, habe ich nie klären können. Im Grunde war das gleichgültig. Die Protokollabteilung des Bremer Rathauses konnte ihr Improvisationstalent unter Beweis stellen, und wir waren alle sehr stolz darüber.

Manchmal konnte man aber auch nicht auf Hubschrauberflüge verzichten. Bei seinem Antrittsbesuch als dritter Bundespräsident im Bundesland Bremen wollte Gustav Heinemann im Jahre 1969 unbedingt auch seine Familienangehörigen in Fischerhude besuchen. Natürlich wussten wir alle im Protokoll, dass es sich dabei um die Familie der Gattin des Herrn Bundespräsidenten handelte, aber wir organisierten selbstverständlich auch diesen Ausflug.

Horn-Ständchen für den Präsidenten am Zugfenster

Gustav Heinemanns Frau Hilda, geborene Ordemann, war die Tochter des Bremer Kaufmanns Johann Anton Ordemann. Sie hatte ihr Abitur übrigens am »Alten Gymnasium« in Bremen gemacht. Wie sie mir während des Besuches erzählte, war sie damals eines von nur drei Mädchen an dieser Schule. Hilda Heinemann war übrigens auch die Großmutter von Christina Rau, der Ehefrau des achten Bundespräsidenten der Bundesrepublik Deutschland, Johannes Rau. Das hohe Amt ist dadurch gewissermaßen in der Familie geblieben.

Zurück in das Jahr 1969.

Die Angehörigen der Familie Heinemann wohnten in dem Dorf Fischerhude bei Bremen. Da das Programm des Antrittsbesuches in Bremen sehr eng war, entschieden wir uns, mit dem Hubschrauber von Bremen nach Fischerhude zu fliegen.

Nun darf man im geordneten Deutschland nicht einfach mit einem Hubschrauber durch die Gegend fliegen. Man muss den Flug anmelden, und am Landeplatz muss ein großes weißes Kreuz ausgelegt werden, in dessen Mitte der Hubschrauber dann landet.

Alles das war in Fischerhude vorbereitet worden. Der Hubschrauber schwebte langsam ein, als der Pilot neben mir plötzlich den Kopf schüttelte. Die Feuerwehr von Fischerhude hatte sich eine besondere Begrüßung für die hohen Gäste ausgedacht. Sie war zusammen mit einer Gruppe in historischen Trachten neben dem Landeplatz angetreten mit Musikinstrumenten und hohen federbeladenen Helmen. Der Pilot landete sehr langsam.

Was dabei passierte, hatte er vorausgesehen, und ich verstand, warum er den Kopf geschüttelt hatte: Die Helme wurden durch den Luftdruck der Rotoren von den Köpfen gerissen, was die Blaskapelle jäh aus dem Konzept brachte. Die Musiker versuchten, ihre Kopfbedeckung zu retten. Schlimmer war aber, dass die Wiese zuvor von Fischerhuder Kühen genutzt worden war. Die Fladen auf der Wiese wurden durch den kurzzeitigen Hubschraubersturm hochgewirbelt und landeten fetzenweise in den Gesichtern und auf den Kleidern der Feuerwehrkapelle. Ich werde es der Fischerhuder Feuerwehrkapelle nie vergessen, dass sie trotz aller Unbill noch mutig spielte. Der Bundespräsident samt Gattin verließen den Hubschrauber, dessen Rotor langsam zu drehen aufhörte, bewegten sich geschickt an den restlichen Kuhfladen vorbei und begrüßten ihre wartenden Verwandten.

Besuch beim außerordentlichen und bevollmächtigten Botschafter der Republik Frankreich in Bonn

General Charles de Gaulle und Bundeskanzler Konrad Adenauer unterzeichneten am 22. Januar 1963 den Vertrag über die deutsch-französische Zusammenarbeit. Die beiden Herren wollten die gemeinsame Arbeit beider Länder festigen, und da sie erfahrene Politiker waren, wussten sie auch, wie man deutsche und französische Beamte so richtig auf Trab bringt.

Es wurde vereinbart, dass sich beide Seiten zweimal in jedem Jahr treffen – einmal in Frankreich und einmal in Deutschland –, um über die Fortschritte der gemeinsamen Zusammenarbeit zu berichten. Das brachte alle Beamten in allen Ministerien wenigstens zweimal im Jahr auf Vordermann. Da nämlich alle Minister aus Frankreich und aus Deutschland an den Konsultationen teilnahmen, mussten auch alle, unter den kritischen Augen ihrer Regierungschefs, regelmäßig berichten.

Die Sache hatte allerdings einen kleinen Haken: Die Franzosen hatten für den Kultur- und Bildungsbereich einen eigenen Minister – in Deutschland fehlte der, denn Kultur und Bildung sind Ländersache.

De Gaulle und Adenauer schufen also auf deutscher Seite das Amt des »Bevollmächtigten für kulturelle Angelegenheiten im Rahmen des Vertrages über die deutsch-französische Zusammenarbeit«. So erhielten die Franzosen als Ansprechpartner auf deutscher Seite den Regierungschef eines Bundeslandes. Und damit jedes Bundesland einmal an die Reihe kam, wurde der Bevollmächtigte für jeweils vier Jahre auf Vorschlag der Regierungschefs der Länder vom Bundeskabinett ernannt. Im Jahr 1983 war Bremen an der Reihe, der Bürgermeister wurde Bevollmächtigter.

Eine charmante Nebenwirkung hatte dieses Verfahren auch. Die Regierung von Helmut Kohl bestand aus konservativen CDU/CSU-Politikern – der Bremer Bürgermeister aber war Sozialdemokrat und dennoch Mitglied der Regierungsdelegation. So war die Verwirrung auf französischer Seite zunächst vorprogrammiert.

Der sozialistische Premierminister François Mitterand, Gastgeber des Bundeskanzlers und des deutschen Kabinetts, ließ schließlich bei offiziellen Essen und Sitzungen durch das französische Protokoll den deutschen Regierungschef Helmut Kohl rechts und den sozialdemokratischen Bevollmächtigten links neben sich setzen. Bei Begegnungen in Deutschland wurde schließlich diese Sitzordnung auch durch das deutsche Protokoll übernommen.

Der Bürgermeister wurde im Februar 1983 Bevollmächtigter. Kurz danach trat Jaques Morizet das Amt als außerordentlicher und bevollmächtigter Botschafter der Republik Frankreich in der Bundesrepublik Deutschland an. Er wollte den Bevollmächtigten noch unbedingt vor den deutsch-französischen Konsultationen treffen. Da der Terminkalender des Bürgermeisters ungeheuer eng war, schlug Botschafter Morizet einen Kurzbesuch in seiner Residenz vor. Einen Hubschrauber für den schnellen Transport könne die französische Luftwaffe stellen. Der Termin wurde vereinbart.

Die Residenz des französischen Botschafters lag flussaufwärts hoch über einer Rheinschleife. Sie war ungeheuer repräsentativ. Ein gepflegter Rasen war vor den großen Fenstern leicht zum Rhein hin abfallend angelegt. Das sollte der Hubschrauberlandeplatz sein. Der Rasen war nach vorne mit hochstieligen, wunderschön blühenden Tulpen abgegrenzt. Langsam näherte sich der Hubschrauber dem Rasen. Die Tulpen neigten sich zunächst leicht unter dem Wind der Rotoren, um schließlich alle Blütenblätter zu verlieren. Zurück blieben kahle Stängel. Dass der Besuch dennoch äußerst freundlich verlief, zeigt die hohe diplomatische Kompetenz des Herrn Botschafters Jacques Morizet.

Auslandsreisen

In einer Hafen- und Handelsstadt gehören Auslandsreisen des Präsidenten des Senats der Freien Hansestadt Bremen zu den üblichen Dienstgeschäften.

Ob Probleme mit dem Handel mit Fernost anstehen, ob es gilt, den Containerverkehr von und nach den USA zu sichern, ob neue Kunden für den Hafen angeworben oder langjährige Kunden nett behandelt werden müssen, vielfach ist dann die politische Hilfe des Bürgermeisters gefragt. Nur so bekommen hiesige Kaufleute, Händler, Reeder und Spediteure Kontakt mit wichtigen Politikern anderer Länder, weil sie als Mitglieder der Besucherdelegation an den Gesprächen, Empfängen und offiziellen Essen teilnehmen und die für sie wichtigen Politiker ansprechen können.

Manche Besuche verfolgen auch nur politische Zwecke. Man will sich gegenseitig kennenlernen und Erfahrungen austauschen.

Wie man unverhoffte offizielle Einladungen bekommt

Der Bürgermeister war von 1971 bis 1977 Präsident des Deutschen Städtetags. Eine ehrenhafte, aber auch zeitraubende Aufgabe, denn der Deutsche Städtetag ist der größte kommunale Spitzenverband Deutschlands. Er ist Interessenvertreter aller kreisfreien und der meisten kreisangehörigen Städte in Deutschland, und das sind heute immerhin 4400 Städte.

Ende Oktober 1973 teilte mir der Geschäftsträger der sowjetischen Botschaft mit, dass die Bürgermeister von fünf großen russischen Städten gerne Bremen besuchen würden und auch einen Termin mit dem Bürgermeister wünschten.

Ich teilte dem Bürgermeister dies mit, und er war höchst erfreut über diese Bitte der sowjetischen Botschaft. Seine Partei arbeitete gerade unter Willy Brandt an der neuen Ostpolitik. Ich sollte dem Geschäftsträger die Bereitschaft des Bürgermeisters signalisieren, die Gäste zu empfangen. Allerdings sollte ich darauf hinweisen, dass die russischen Bürgermeister vor einem Besuch Bremens zunächst Berlin besuchen müssten. Der Deutsche Städtetag, dessen Präsident er sei, habe auf einer der letzten Sitzungen beschlossen, sowjetische Besucher erst dann in westdeutschen Städten offiziell zu begrüßen, wenn sie zuvor Westberlin besucht hätten.

Ich teilte das dem Geschäftsträger mit, erfuhr, dass der Besuch in Bremen für den 3. November 1973 geplant sei, und ließ durch die Protokollabteilung ein zweitägiges Besuchsprogramm für Bremen und Bremerhaven ausarbeiten.

Am Nachmittag des 2. November 1973 informierte mich der Geschäftsträger der sowjetischen Botschaft, dass er sich mit den fünf Bürgermeistern gegenwärtig in Hamburg aufhalte und am nächsten Tag um 11.14 Uhr zusammen mit den Gästen auf Bahnsteig 6 des Bremer Hauptbahnhofs eintreffen werde. Meine Frage nach dem Besuch in Berlin beantwortete er nicht. Als ich den Sachstand dem Bürgermeister mitteilte, setzte er sich telefonisch mit dem Hauptgeschäftsführer des Deutschen Städtetages in Verbindung. Er erfuhr, dass die Bürgermeister nicht in Berlin gewesen waren.

»Herr Reischauer«, sagte er, »ich kann es Ihnen leider nicht ersparen, bitte gehen sie morgen zum Hauptbahnhof und übermitteln Sie dem Geschäftsträger und den Bürgermeistern meine besten Grüße, sagen Sie ihnen, dass Bremen und ich sie leider nicht empfangen könnten, weil sie nicht absprachegemäß zuvor in Berlin gewesen seien!«

Ich hatte eine schlechte Nacht und fuhr am nächsten Tag zum Bahnhof. An Gleis 6 kam der Zug pünktlich an, der Geschäftsträger freute sich, mich wiederzusehen, wie er betonte. Bevor er mir jedoch protokollarisch korrekt die fünf Bürgermeister vorstellen konnte, teilte ich ihm die Entscheidung des Bürgermeisters mit. Er wurde blass, wandte sich dann aber gefasst in Russisch an die Bürgermeister. Man trat zur Seite. Ich hörte ein kurzes Wortgefecht. Dann sagte er mir, dass er jetzt mit den Gästen in die Botschaft nach Bonn reisen werde. Als guter Diplomat dankte er mir für alle Mühen und bat, dem Bürgermeister die besten Wünsche auszurichten.

Natürlich haben die Zeitungen von dem Vorfall erfahren und überregional davon berichtet.

Zwei Wochen später rief mich der Erste Sekretär der chinesischen Botschaft aus Meckenheim an und erfragte einen Termin seines Botschafters beim Bürgermeister. Da ich ihn seit Langem gut kannte, fragte ich nach dem Grund. Er teilte mir vertraulich mit, dass sein Botschafter den Bürgermeister gerne zu einem offiziellen Besuch der Volksrepublik China einladen würde. Nach und nach erfuhr ich, dass sich die Volksrepublik China und die Sowjetunion im Augenblick nicht gerade als befreundete Nationen ansahen (»höflich ausgedrückt«, sagte Herr Wang), und in Peking habe man sich sehr über die konsequente Haltung des Bürgermeisters gegenüber der Sowjetunion gefreut. Daher prüfe man nun eine Einladung.

Bei seinem Besuch im Dezember 1973 sprach dann der Botschafter der Volksrepublik China die Einladung für den Bürgermeister und den Parlamentspräsidenten aus. Sie wurde angenommen.

Über den Ruf der Deutschen in China

Der Bürgermeister hatte eine Einladung in die Volksrepublik China bekommen. Das war im Jahr 1974 sehr ungewöhnlich, denn in China war noch immer Kulturrevolution. Mao Zedong war krank, und in Peking herrschte die sogenannte Viererbande, deren führendes Mitglied Jian Qing, die vierte Ehefrau Maos war. China ließ nur wenige Ausländer in das Land, und die Regierung lud noch seltener ausländische Politiker ein.

Eine solche offizielle Einladung musste akzeptiert werden, schon um zu erkunden, wie sich die Hafenverkehre zukünftig entwickeln würden (so der Chef der Bremer Lagerhausgesellschaft in einem Vorgespräch).

Die Chinesen organisierten ein präzises Besuchsprogramm. Jeder Gang, jede Fahrt, jeder Termin, jedes Essen und jedes Gespräch waren exakt geplant. Ständig standen ein Vertreter der Regierung und ein eigener Dolmetscher bereit. Niemand konnte unbeaufsichtigt das Hotel verlassen, wenn irgendwann etwas Zeit dafür bestand. Natürlich wurde die kleine Delegation auch an die wichtigsten kulturellen und geschichtlichen Orte in Peking und der Umgebung der Stadt geführt.

Der Bremer Bürgermeister mit Begleitung auf der »Großen Mauer«. In der Brusttasche des Herrn rechts ein Kugelschreiber, der den Unterschied macht

Selbstverständlich gehörte dazu auch ein Besuch der Großen Mauer. Dabei wurde vorstehendes Foto aufgenommen: Neben dem Bürgermeister geht der Präsident der Gesellschaft für die deutsch-chinesische Freundschaft, und ganz rechts sieht man den offiziellen Dolmetscher der chinesischen Regierung. Er sprach ein tadelloses Deutsch, allerdings mit starkem sächsischen Akzent, denn er hatte seine sprachliche Ausbildung in Leipzig absolviert. Mit ihm hatte ich mich schnell angefreundet, und er ist auch die zentrale Figur der folgenden Geschichte.

Vielleicht lohnt sich noch ein zweiter Blick auf das Foto.

Die Kulturrevolution propagierte die Gleichheit aller Menschen. Rangunterschiede gab es offiziell also gar nicht. Rangunterschiede waren auch nicht äußerlich sofort erkennbar. Sehen Sie sich aber den Dolmetscher auf der rechten Seite des Fotos an. Er trägt den berühmten Mao-Anzug, hat jedoch – für jeden deutlich sichtbar – einen Kugelschreiber in der Brusttasche. Er ist ein Intellektueller, der hauptsächlich am Schreibtisch arbeitet. Der Präsident der Freundschaftsgesellschaft trägt auch den Mao-Anzug, aber in hellgrauem guten Tuch. Er ist also aus der höheren Beamtengruppe. Nicht im Bild ist unser offizieller Gastgeber Vizeaußenminister Tjiao Guan-Hua. Sein Mao-Anzug war aus schwarzer Seide, maßgerecht und handgefertigt. Ranghöher geht es nicht.

Wir nahmen in China an zahllosen offiziellen und halb offiziellen Essen teil. Private Essen fanden nicht statt. Jedes Essen gab ein anderer Gastgeber von chinesischer Seite. In aller Regel präsentierte uns die chinesische Regierung einen verdienstvollen Arbeiter oder Vorarbeiter, der die Gastgeberrede halten musste. Neben ihm saß immer ein hochrangiger Regierungsvertreter mit mehreren Kugelschreibern in der Brusttasche, der zwar nicht offiziell sprach, aber darauf achtete, dass alles ordentlich lief. Wir waren eben mitten in der chinesischen Kulturrevolution.

Nun ist es nicht jedermanns Sache, für Leute aus fremden und unbekannten Ländern eine Tischrede zu halten. Erschwert wird das noch durch die Anwesenheit eines hohen Regierungsvertreters. Also liefen die Reden eigentlich immer nach demselben Schema ab.

Zunächst stellte sich unser Gastgeber vor und freute sich dann sehr, die Gäste aus (Blick auf einen kleinen Zettel) Bremen in der (erneuter Blick auf den kleinen Zettel) Bundesrepublik Deutschland (ein wahrer Zungenbrecher für jeden Chinesen) begrüßen zu dürfen.

Es sei sehr wichtig, ausländische Freunde zu haben, betonte der Redner sodann, griff in seine Jackentasche und förderte ein kleines rotes Buch zutage. Die berühmte Mao-Bibel. Auch der Große Vorsitzende Mao Zedong habe sich, so erklärte der Redner, mit diesem bedeutenden

Thema in seinem Kapitel »Über die ausländischen Freunde« befasst und hierzu Folgendes geschrieben.

Sodann öffnete der Redner sein kleines rotes Büchlein an der zuvor markierten Stelle und las die Gedanken des Vorsitzenden Mao vor. Das dauerte bei jeder Rede fast eine halbe Stunde. Unser Dolmetscher übersetzte alles genau und mit bedeutender Stimme.

Am letzten Tag besichtigten wir den Hafen von Shanghai. Der Bürgermeister sprach mit den Hafenrepräsentanten und Vertretern des Ministeriums und von Reedereien. Dann fand wieder das offizielle Mittagessen statt.

Gastgeber war diesmal der 3. Vorarbeiter des 4. Hafens von Shanghai, der sich freute, die Gäste aus Bremen in der Bundesrepublik Deutschland (auch er hatte einen Spickzettel) herzlich begrüßen zu dürfen. Daraufhin zückte er seine kleine rote Mao-Bibel und las uns das Kapitel »Über die ausländischen Freunde« vor. Auch er benötigte etwa eine halbe Stunde, legte dann das Buch zur Seite und hob das Glas, um uns am Tisch willkommen zu heißen.

Der Dolmetscher neben mir erhob sich und sagte: »Herr Lua Kuan ist der 3. Vorarbeiter des 4. Hafens von Shanghai. Er freut sich, die Gäste aus Bremen in der Bundesrepublik Deutschland herzlich begrüßen zu dürfen. Wie Sie – liebe deutsche Gäste – gesehen haben, hat Herr Lua Kuan Ihnen das Kapitel ›Über die ausländischen Freunde‹ aus dem kleinen Buch des Vorsitzenden Mao Zedong vorgelesen. Ich habe Ihnen dieses Kapitel nun während Ihres Aufenthaltes in unserem Land bereits sechs- oder siebenmal übersetzt. Sie kennen es also jetzt, und daher erspare ich Ihnen und mir heute einmal die erneute Übersetzung. Herr Lua Kuan hat dann sein Glas erhoben, um Sie an dieser Tafel willkommen zu heißen. Ich schlage vor, wir folgen seinem Beispiel.«

Die Gäste standen auf, erhoben ihre Gläser, tranken einen Schluck, setzten die Gläser ab und klatschten freundlichen Beifall.

Dann ging das Essen weiter. Gemurmel setzte ein. Plötzlich bekam der Dolmetscher neben mir einen Lachanfall, den er nur mühselig unterdrücken konnte. Ich ließ ihn zunächst wieder Luft holen und fragte ihn dann nach dem Grund seiner Heiterkeit.

»Wissen Sie, was eben der neben Herrn Lua Kuan sitzende Regierungsvertreter gesagt hat?«

Ich verneinte und sagte: »Leider bin ich der chinesischen Sprache nicht mächtig!«

»Der Regierungsvertreter hat gesagt: ›Da kannst du mal sehen, wie effektiv diese Deutschen arbeiten. Wir haben noch viel zu lernen, Genosse. Auch ihre Sprache ist höchst effektiv. Du hast für deine Rede etwas über eine halbe Stunde gebraucht. In Deutsch braucht man dafür noch nicht einmal fünf Minuten!‹«

Ausflug in Peking

Ich habe geschrieben, dass man als offizieller Gast im Peking der Viererbande nicht ohne Bewachung das Peking Hotel verlassen konnte. Ich habe es trotzdem geschafft. An einem Mittag ohne offizielles Mittagessen hatte ich zwei Stunden Zeit. Die wollte ich für einen privaten Spaziergang in Peking nutzen. Nur selten bot sich für mich eine solche Gelegenheit.

Der deutsche Botschafter Rolf Pauls hatte die Idee, uns den Sozialattaché der Botschaft in Peking als ständigen Begleiter zuzuordnen. Der stammte nämlich aus Bremen-Vegesack und war bei jeder Gelegenheit äußerst hilfreich. Ich traf ihn in der Hotellobby und fragte ihn, wie man wohl ungestört in Peking spazieren gehen könne. Er bat mich, ihm meine Filmkamera zu geben. Wir sollten, so meinte er, gemeinsam das Hotel verlassen. An der nächsten Straße werde er dann mit meinem Filmapparat sichtbar nach rechts gehen, während ich nach links in die Straße einbiegen sollte. Er war sicher, dass ein Bewacher nicht mir, sondern ihm folgen werde. Nicht sicher war er indessen, ob mein Spaziergang ungestört verlaufen werde. Das sei aber meine Sache.

»Für die Chinesen sehen wir ›Langnasen‹ immer alle gleich aus, und der mit der Filmkamera ist für sie der Hauptbesucher. Nur ein wohlhabender Mann wie der offizielle Besucher, den es zu bewachen gilt, hat eben eine Filmkamera«, meinte er.

Die Sache klappte. Unser Botschaftsmann mit der Kamera war sofort von Chinesen umringt. An der nächsten Straßenecke trennten wir uns. Mein Aufpasser zögerte einen kurzen Augenblick und folgte dann dem Mann von der Botschaft, der nach einigen Schleifen in das Hotel zurückkehrte.

Für mich aber begann nach kurzer Zeit ein Spießrutenlauf. Überall wo ich ging, blieben die Menschen stehen und klatschten mir zu. Später erfuhr ich, dass »Langnasen« auf den Straßen Pekings auf jeden Fall von der Regierung eingeladene Freunde des Volkes sein müssen, sonst wären sie ja nicht in der Stadt und könnten sich dort frei bewegen. Und Freunden des Volkes klatscht man eben freundlich zu.

Ich ging in ein Kaufhaus. Das Warenangebot war einfach und auf Dinge des täglichen Bedarfs beschränkt. Ich durfte aber nirgendwo stehen bleiben, denn sofort stürzten sich viele Leute auf mich, um mir bei der Auswahl der Waren behilflich zu sein. Sie redeten wild gesti-

Eine »Langnase« mit Kamera zieht alle Aufmerksamkeit auf sich

kulierend auf mich ein, schleppten – ihrer Meinung nach – für mich interessante Dinge heran und hielten sie mir vor.

Schließlich verließ ich etwas verzweifelt das Warenhaus und ging eine Straße hinunter, die zum Peking Hotel zurückführte. Ich sah einen schmalen Eingang, der durch eine dahinterliegende Mauer geschützt wurde, die einen direkten Durchgang verhinderte. Bei einer späteren Stadtführung hörte ich, dass die hinter dem Eingang errichtete Mauer böse Geister am Zugang zum Innenhof und zu den Wohnungen hindern sollte. Geister können nämlich bekanntlich nicht um die Ecke biegen, sondern prallen gegen die Wand.

Ich ging um die Mauer herum und trat auf einen Platz, an dem viele kleine Häuser standen. In der Mitte hatten sich auf Stühlen einige Menschen versammelt. Es waren offenbar die Hausbewohner. Vor ihnen stand ein Mann, der aus der Mao-Bibel vorlas.

Als er mich erblickte, kam er schnell zu mir, packte mich am Arm, brachte mich zu einem Stuhl in der ersten Reihe und bat mich, Platz zu nehmen. Ich folgte höflich. Er ging wieder nach vorne, sagte einige Worte, daraufhin standen alle Leute auf, riefen laut irgendeinen Gruß, klatschten in die Hände und verneigten sich höflich in meine Richtung. Auch ich war aufgestanden und verneigte mich in Richtung des Publikums. Offenbar war das korrekt so, denn sofort trat Ruhe ein, und der Mann, der mich nach vorne geführt hatte, las jetzt aus dem kleinen roten Buch vor.

Zusammen mit Dieter Klink in Suzhou

Er las und las. Verstohlen blickte ich auf meine Uhr. Bis zum nächsten Termin war es noch eine halbe Stunde. Ich musste dringend in das Hotel, meinen Aktenkoffer holen und dann in der Hotellobby für den nächsten offiziellen Termin bereitstehen.

Ich sah mich um. Die Leute hörten pflichtgemäß den Worten des Vorlesenden zu – sie sahen nicht unbedingt fanatisch oder auch nur halbwegs engagiert aus.

Als der Vorleser eine kurze Pause machte und aufblickte, stand ich auf, verneigte mich in Richtung des Vorlesers und floh dann schnell aus dem Hof. Ich hörte klatschende Leute hinter mir und kam noch rechtzeitig in das Hotel. Was der Mann vorgelesen hat und ob das vielleicht sogar mit mir zu tun gehabt hat – es gibt ja das Kapitel »Über die fremden Freunde« –, weiß ich bis heute nicht.

Wie man in Singapur Getränke bestellt

Die erste Auslandsreise, die ich für den Bürgermeister geplant und durchgeführt habe, ging nach Südostasien. Wir reisten vom 14. Januar bis zum 9. Februar 1971 nach Thailand, Malaysia, Singapur und Indonesien. Eine Kerndelegation reiste in das jeweilige Land und traf dort Kaufleute und Vertreter der Hafenwirtschaft aus Bremen. Die Zusammensetzung der Delegation wechselte also von Land zu Land, und man musste sich immer wieder auf neue Gesichter und Interessen einstellen.

Die Kerndelegation bestand aus dem Bürgermeister, Herrn Dr. Werner Gatz, Leiter des Bremer Ausschusses für Wirtschaftsförderung, Erich Theato aus Heidelberg als Dolmetscher und mir.

Bei Ankunft in Singapur geleitete uns der Deutsche Generalkonsul in unser Hotel. Dort empfing uns der Protollchef des Ministerpräsidenten und erklärte, dass wir im Gästehaus der Regierung untergebracht seien.

Das war für uns zwar eine Ehre, verlangte jedoch eine sofortige Umstellung des Programms, weil wir uns zu Beginn jeden Aufenthaltes eigentlich mit den bremischen Repräsentanten vor Ort trafen und die Ziele des Aufenthaltes sowie die zu behandelnden Themen absprachen.

Das entfiel nun zunächst, denn wir konnten die Einladung des Ministerpräsidenten von Singapur, Lee Kuan Yew, nicht ausschlagen.

Lee Kuan Yew war 1959 zum ersten Ministerpräsidenten des kleinen Stadtstaates Singapur gewählt worden. In seinen bisher zwölf Amtsjahren hatte es Singapur bereits zu den höchsten Wachstumsraten der Welt gebracht. In Kaufmannkreisen hieß es, der Ministerpräsident wolle seine Märkte in den nächsten Jahren schrittweise noch weiter öffnen. Er war also für den bremischen Handel ein interessanter Mann.

Für demokratische Politiker war er indessen politisch ein wenig schwierig. Er vertrat nämlich offen die Meinung, als absoluter Herrscher weit bessere Entscheidungen treffen zu können als demokratische Institutionen.

Gleich bei unserer Ankunft wies uns der Deutsche Generalkonsul darauf hin, dass bitte nichts auf die Straße geworfen werden dürfe. Für Straßenverschmutzungen seien gerade hohe Strafen in Singapur eingeführt worden. Ein auf die Straße gespuckter Kaugummi koste beispielsweise bis zu 200 Singapur-Dollar.

»Typisch Lee Kuan Yew«, betonte der Generalkonsul, »aber die Straßen hier sind blitzsauber!«

Dann fuhren wir in unser Nachtquartier. Das palastähnliche Haus war mit Sicherheit ein ehemaliger britischer Kolonialbau und lag mitten in einem großen Park. In der Eingangshalle verabschiedete sich der Generalkonsul bis zum nächsten Morgen, zeigte auf einige schwarz uniformierte Soldaten im Hintergrund der Halle und meinte, wir seien heute Nacht gut bewacht.

Ein junger Bediensteter in braunem Leinenanzug mit Mao-Kragen brachte mich in mein Zimmer. Ein riesiger Raum mit Moskitonetz über dem Bett und großem Ventilator unter der Decke. Der Mann im braunen Leinenanzug öffnete die große Flügeltür an der Längsseite des Raumes, bat mich auf den Balkon und zeigte hinunter in den Park.

Ganz hinten im Park übte ein älterer Herr unter Anweisung eines Pros Golfschläge. »Prime Minister«, sagte der junge Mann und zog sich zurück. So lernte ich gleich am ersten Tag Lee Kuan Yew auf seiner privaten Driving Range kennen.

Später versammelten wir uns dann auf dem großen Balkon des Bürgermeisters. Er hatte in seinem Kühlschrank vier Flaschen Bier gefunden. »Sogar Beck's!«, stellte er erfreut fest. Ein junger Mann – auch in braunem Leinenanzug – brachte Biergläser und zog sich dann diskret zurück. Wir besprachen das Programm des nächsten Tages in Singapur. Nach etwa einer halben Stunde fragte der Bürgermeister: »Hat jemand in seinem Zimmer noch ein Bier?« Wir verneinten das, denn wir hatten alle keine Kühlschränke im Zimmer.

Herr Dr. Gatz sprang auf und zog an einer Leine, die an der Seitenwand des Balkons herabhing. Eine Sirene ertönte, scharfe Scheinwerfer beleuchteten plötzlich die ganze Hausfront, und vier schwarz uniformierte Soldaten sprangen mit vorgehaltenen Maschinenpistolen auf unseren Balkon. Sie richteten die Waffen auf uns und sahen sich um. Dann drückte einer von ihnen auf irgendeinen Knopf. Die Sirene hörte auf zu jaulen, und in die schlagartige Stille hörten wir Herrn Dr. Gatz sagen:

»Four beer, please!«

Blick vom Balkon des Istana Ground in Singapur

Besuch in Thailand

Im Jahre 1966 statteten I.I.E.E. König Bhumipol Adulyadej und Königin Sirikit der Freien Hansestadt Bremen einen offiziellen Staatsbesuch ab.

In besonderer Erinnerung ist dabei ein improvisiertes Konzert mit einem bremischen Jazzquintett und König Bhumipol am Saxofon am späten Abend in der »Halali-Bar« des Park-Hotels im Bürgerpark. Angeblich hatte Radio Bremen das kleine Konzert mitgeschnitten, aber leider war der Mitschnitt schon 1971 verloren gegangen. Die Senatskanzlei hatte beim Sender angefragt, weil der Bürgermeister das Band als Geschenk für den König nach Thailand mitnehmen wollte. Der thailändische Außenminister hatte kürzlich den Bürgermeister zu einem Besuch seines Landes eingeladen und auch eine Audienz bei König Bhumipol angekündigt, der mit der Audienz die Einladung nach Bremen erwidern wollte.

Über den König hatte ich gelesen, dass die Thai für ihre Königsfamilie »eine Hochachtung empfinden, die westlichen Besuchern manchmal für die heutige Zeit fast unangemessen erscheine und die durchaus religiöse Züge trage«. Der Respekt werde nicht nur gegenüber den Mitgliedern der Königsfamilie persönlich bekundet, sondern auch gegenüber ihren Porträts bezeugt. Deshalb steht auch in fast allen Reiseführern über Thailand, dass man mit thailändischen Banknoten nicht verächtlich umgehen dürfe, weil sie das Bild des Königs tragen. Sie dürften nicht geknittert und schon gar nicht zerrissen werden, denn damit begehe man sogar eine Straftat.

Die thailändische Königsfamilie wird auch in einer besonderen Sprache angesprochen. Wenn Nichtmitglieder zu der Königsfamilie über sich selbst sprechen, sagen sie: »Ich, der ich nichts als Staub unter Ihren Füßen bin.« Und so ein Mann spielt Saxofon im Bremer Park-Hotel und lädt uns zu einer Audienz ein.

Wir betraten einen kleinen, vollständig vergoldeten Saal. König Bhumipol saß auf einem ebenfalls goldenen Stuhl.

Eine Delegation der Hansestadt unter Führung des Präsidenten des Senats, Bürgermeister Hans Koschnick, hält sich gegenwärtig zu Wirtschaftsgesprächen in Südostasien auf. Während des sechstägigen Aufenthalts in Bangkok wurde Koschnick im Chitra-Lada-Palast von König Bhumibol (unser Bild) empfangen. Er traf außerdem mit dem thailändischen Ministerpräsidenten Kittikachorn und Außenminister Kohman zusammen. Gestern flog die Delegation nach Kuala Lumpur weiter. Sie wird bis zum 28. Januar in Malaysia bleiben und anschließend zu Wirtschaftsverhandlungen nach Singapur und Indonesien weiterreisen.

Foto im »Weser-Kurier« vom Staatsbesuch in Thailand, 22. Januar 1971

Er war ganz westlich gekleidet und trug eine Art Straßenanzug. Er hatte in der Brusttasche sogar ein weißes Einstecktuch. Das fiel mir besonders auf, weil meine Mutter immer wieder versucht hatte, mir so ein Tuch aufzuschwatzen. Ich mochte das nicht. Ich nahm mir vor, meiner Mutter zu berichten, dass König Bhumipol ein solches Tuch trug.

Jeden von uns begrüßte er mit Handschlag. Dann nahm er auf einem kleinen weißen Thronsessel Platz und bot uns die kleineren Sessel an, die im Kreis vor ihm standen.

Wir nahmen Platz. Neben jedem Stuhl stand ein kleiner Tisch. Der Bürgermeister und der König tauschten zunächst Höflichkeiten aus. Der König sprach Englisch, Erich Theato übersetzte, und der

Bürgermeister sprach Deutsch, auch hier übersetzte Erich Theato. Die besondere Königssprache Rachasap kam nicht zum Einsatz.

Es war sehr warm in dem Raum. Wir hatten im Hotel zwar eine Klimaanlage und auch die offiziellen Dienstwagen waren klimatisiert, aber so etwas gab es im Königspalast nicht. Zur Audienz hatte ich zudem meinen besten dunklen Anzug mit Weste angezogen. Der Stoff war bremischen klimatischen Verhältnissen folgend solide und fest gewebt. Ich schwitzte.

Ein hinter dem König auf dem Boden sitzender Herr klatschte plötzlich in die Hände, und mehrere aufwendig gekleidete Herren kamen in das Zimmer. Von der Tür aus krochen sie auf dem Boden und trugen kleine silberne Tabletts mit Teetassen vor sich her, die sie auf den Beistelltischen neben unseren Stühlen abstellten. Als die Bediensteten auf den Knien den Raum wieder verließen, dachte ich an das, was ich über die Hochachtung der Thai gegenüber ihrem König gelesen hatte.

Dem König waren die verdutzten Gesichter seiner Besucher sehr geläufig. In Englisch sagte er, er sei in Lausanne in der Schweiz aufgewachsen und habe sich auch erst an diese Sitten gewöhnen müssen. Die Tradition des Hauses verlange, dass man hier im Palast nie höher sein dürfe als die Knie des Königs, so sage es die Sitte. Er habe Jahre gebraucht, das bei großen Empfängen abzustellen. Bei Privataudienzen gehe das indessen leider noch nicht. Aber Thailand sei auf einem guten Weg in die Moderne.

Ich bestätigte das im Stillen gerne und dachte dabei an das Auftreten des Königs in der »Halali-Bar« in Bremen.

Über gute und schlechte Deutsche

Anfang 1985 teilte die Verwaltung des Deutschen Bundesrates allen Ministerpräsidenten der deutschen Bundesländer mit, dass das »Aspen Institute Berlin« und »The National Governors Association« sie zu einem Gedankenaustausch über Probleme des Föderalismus einladen wolle. Die Veranstaltung sollte im Juni stattfinden.

Sowohl die Vereinigung amerikanischer Gouverneure als auch das Aspen-Institut sind Einrichtungen, denen man keine Einladung abschlagen darf, wenn man nicht ausgesprochen zwingende Gründe vorzutragen hat.

Da der Bürgermeister ohnehin im Juni 1978 nach Washington fahren wollte, sagte er zu. Zu der Veranstaltung im Spring Hill Conference Center nahe Minneapolis / St. Paul fuhren auf Einladung von Governor Rudy Perpich / Minnesota schließlich Lothar Späth, Jochen Vogel, Richard von Weizsäcker, Eberhard Diepken und der Bremer Bürgermeister.

Als wir vom Flughafen Minneapolis quer durch das Land zum Conference Center fuhren, kam ich mir vor wie in Schweden. Bunte Holzhäuser standen weit verstreut im leicht hügeligen Land. Die Briefkästen an der Straße trugen skandinavische Namen. Man sah, Minnesota war größtenteils von Schweden und Dänen erschlossen worden. Riesige gelbe Kornfelder wogten im Wind.

Übrigens amerikanische Kornfelder.

Haben Sie Zeit für meine älteste Sach- und Lachgeschichte aus dem Bremer Rathaus? Der Leitende Regierungsdirektor Friedrich Peimann, der mich als Assessor in der Senatskanzlei eingearbeitet hat, hat sie mir erzählt.

Im Nachkriegsjahr 1947 stattete der neue Direktor der amerikanischen Militärregierung in Bremen, Thomas F. Dunn, seinen Antrittsbesuch bei Bürgermeister Wilhelm Kaisen im Bremer Rathaus ab. Die beiden Männer waren sich sofort sympathisch.

Der Amerikaner fragte Wilhelm Kaisen, was denn die hungernden Bremerinnen und Bremer an Nahrungsmitteln wohl am meisten brauchten, und Wilhelm Kaisen sagte »Korn«. Der Amerikaner notierte sich das, und wenig später legten im Hafen von Bremen einige Schiffe aus den Vereinigten Staaten an und entluden tonnenweise Mais. Mais heißt in den USA »Corn«.

Die Bremer bekamen also tonnenweise Mais, den die fleißigen bremischen Hausfrauen auch sofort verarbeiteten. Meine Mutter war eine dieser fleißigen Hausfrauen. Wir aßen in den folgenden Monaten also Maissuppe, Maisbrot, Maiskuchen, Mais-Pudding, Maisauflauf. Maistopf, Maissalat und was sonst noch so aus den gelben Körnern herzustellen ist. Meine Mutter war da sehr erfindungsreich.

Ich jedenfalls mag seit diesen harten Wochen keinen Mais mehr und sortiere aus Salaten regelmäßig die Maiskörner heraus, die manche Köche der schönen Farbe wegen unter den grünen Blattsalat mischen. Dabei denke ich dann jedes Mal an Bürgermeister Kaisen.

Kehren wir aber in das Jahr 1985 und zu den wogenden Kornfeldern Minnesotas zurück.

»Wissen Sie«, sagte ein Mitarbeiter des Gouverneurs zu mir, »Sie sind hier mitten im mittleren Westen der USA. Hier erleben Sie die Vereinigten Staaten wie in einem Bilderbuch. Man sieht hier auf dem Lande nur seine eigene Familie und höchstens die drei nächsten Nachbarn. Andere Menschen trifft man nur einmal wöchentlich beim Einkauf im Supermarkt. Man streicht jedes Jahr sein Haus und bestellt fleißig den Boden. Natürlich ist man hier total unpolitisch. Mein Freund aus St. Paul sagt immer, dass die Leute hier im mittleren Westen sich im Grunde nur für ihre eigenen Angelegenheiten interessieren. Die große Welt da draußen sei ihnen egal. Die Tageszeitung hier – so mein Freund – erscheine auf der Titelseite mit der Schlagzeile »Weizenpreis um 2 % gefallen!«, und auf der letzten Seite stehe unter »Verschiedenes aus aller Welt« der Hinweis, dass der »3. Weltkrieg ausgebrochen sei«.

Ich lachte – aber ich sollte bald dazulernen.

Am Ende vieler und langer Diskussionen zwischen den Gouverneuren und den Ministerpräsidenten aus Deutschland lud der gastgebende Gouverneur zu einem festlichen Abendessen mit Landsleuten aus Minnesota ein.

Neben mir saß eine Dame, die sich ständig nur mit dem Herrn zu ihrer rechten Seite unterhielt und mich ganz bewusst übersah. Der Nachbar an ihrer rechten Seite, dem sie sich vollständig widmete, war ein Attaché an der Botschaft der Deutschen Demokatischen Republik in Washington – so hatte er sich in englischer Sprache der Dame auch vorgestellt. Ich versuchte erneut mehrfach, mit der Dame ins Gespräch zu kommen. Erfolglos.

Eine Dame, die mir gegenübersaß, erkundigte sich, woher ich in Deutschland käme.

»Aus Bremen«, antwortete ich.

»In Bremen bin ich schon gewesen«, verkündete sie stolz. »Das liegt bei Hamburg!«, erläuterte sie ihrem Nachbarn, der sie bewundernd ansah.

In diesem Augenblick beugte sich die Dame auf meiner rechten Seite zu mir hinüber und fragte, ob ich denn wirklich aus Westdeutschland sei. Ich bestätigte das und erklärte ihr sodann, dass der Herr zu ihrer rechten Seite aus Ostdeutschland komme.

»Aber er sagte, er sei aus der Deutschen Demokratischen Republik. Dann muss er doch ein Demokrat aus Westdeutschland sein.«

»Nein«, erwiderte ich, »die Deutsche Demokratische Republik ist Ostdeutschland!«

»Oh«, sagte sie betroffen, »so you are from the good ones and he is a bad one!« Ich sei also einer von den Guten und er ein Böser…

Ich konnte nur noch höflich mein Glas erheben.

Plattdütsch in New York

Viele alte Bremer kennen das Foto, das Wilhelm Kaisen bei seiner Ankunft in New York zusammen mit Bremens damaligem Bevollmächtigten beim Bund und späteren Bundespräsidenten Karl Carstens zeigt. Er hatte im Jahr 1950 eine Reise in die USA gemacht, um für die Bremer Häfen zu werben.

Kaisen machte aber nicht nur Reklame für Bremens Hafenwirtschaft, er pflegte auch gesellschaftliche Kontakte. So besuchte er den »Plattduetschen Volkfest Vereen New York and New Jersey«. Mitglieder dieses Vereins sind Leute, die aus dem entsprechenden Sprachraum nach Nordamerika emigriert sind. Mein Bürgermeister hielt es für eine gute Idee, den Besuch Kaisens aus Anlass der 200-Jahr-Feier zu wiederholen. Der deutsche Generalkonsul begleitete uns. Wir wurden freundlich aufgenommen. Der Abend begann mit einem gemeinsamen

Abendessen. Ganz zünftig gab es Frikadellen mit Rotkohl und Kartoffeln. Der Herr Generalkonsul erklärte, dass »Fleischpflanzerl und Blaukraut« in New York selten gereicht würden. Er dokumentierte damit, dass er nicht dem norddeutschen Sprachraum entstammte.

Nach den üblichen Begrüßungs- und Dankesreden wurde von den Vereinsmitgliedern ein buntes Abendprogramm mit Tänzen, Gedichten und Liedern geboten. Etwas peinlich wurde es, als die Veranstalter die Delegationsmitglieder baten, etwas zum Programm beizutragen.

Der Generalkonsul fiel von vorneherein aus, und mein Bürgermeister war der Auffassung, dass seine Kenntnisse der niederdeutschen Sprache nicht ausreichen, einen ansprechenden Beitrag zu liefern. Sein wohlwollender Blick fiel auf mich. Meine Beteuerungen, dass auch ich des Plattdeutschen nicht genügend mächtig sei, wurden ignoriert. Ich musste zur Bühne gehen.

Dort saß an einem Steinway-Flügel eine ältere Dame mit blau gefärbten weißen Haaren

Wilhelm Kaisen und Karl Carstens 1950 in New York …

… und mein plattdeutscher Bierkrug

und sah mich erwartungsvoll an. Ich bat sie, das einzige Lied zu spielen, dessen ich in plattdeutscher Sprache mächtig war, und so sang ich vor großem Publikum das Lied »Lütt' Matten de Haas«. Das Publikum war höflich begeistert.

Der Erste Vorsitzende des Vereins überreichte mir als Dank einen Bierkrug, der zum 100. Jubiläum des Vereins herausgegeben worden war.

Besuch in Albuquerque

Ich bekam eine Einladung der amerikanischen Regierung zum Besuch der Vereinigten Staaten. In Washington wurde ich im dortigen Auswärtigen Amt – dem State Department – von einigen sehr freundlichen Damen und Herren begrüßt, die mein Programm vorbereitet hatten. Sie gehörten zur Besucherorganisation »Meridien House« und hatten viel Erfahrung mit der Durchführung derartiger Programme. In jeder größeren Stadt der USA besaßen sie Ansprechpartner. Da ich über Thanksgiving Day in den Staaten war und außerdem nach Albuquerque / New Mexico wollte, schlugen sie mir vor, Thanksgiving in einer amerikanischen Familie in Albuquerque zu verbringen. Diese Familienfeier findet immer am vierten Donnerstag im November statt und ist ein Feiertag. Der Tag darauf wird von vielen Amerikanern freigenommen, und Meridien House hatte einige Probleme, mich während dieses langen Wochenendes zu beschäftigen. Sie waren richtig froh, als ich in ihre Planung einwilligte.

Warum Albuquerque? Seit meiner Studienzeit war ich Liebhaber von Westernfilmen. Ein Besuch in den USA musste daher natürlich auch Westernatmosphäre bieten. Albuquerque in New Mexico war nach meiner Einschätzung der richtige Ort dafür. Vor meinem geistigen Auge vermittelte schon der Name der Stadt den Eindruck von Indianern, die neben Cowboys vor Häusern im Pueblo-Stil hockten. Die Cowboys hatten ihre Hüte gegen die Sonne in die Augen gezogen. Ab und an rollten im warmen Wind ausgetrocknete Rollen von Büschen über die Straße, gefolgt von einem hastig laufenden kleinen schwarzen Vogel, dem Roadrunner.

Die Wirklichkeit sah anders aus.

Albuquerque liegt etwa 1500 Meter hoch. Ich kam dort Ende November an, und die Stadt erstickte im Schnee. Für auf dem Boden hockende Indianer und Cowboys war das kaum die richtige Jahreszeit. Einen Indianer habe ich nur in einem Andenkenladen am alten Marktplatz gesehen. Wenigstens waren dort die Gebäude im Pueblo-Stil gebaut.

Meridien House hatte mir die Adresse von T. Wright, 15 Valley Road, mitgegeben. Ich nahm vom Hotel ein Taxi.

Der Fahrer setzte mich vor einem Haus ab, das so aussah wie die Häuser in den alten Doris-Day-Filmen – aber ohne den Schnee, durch den ich mich bis vor die Haustür kämpfte. Unter der Nummer 15 stand T. Wright. Ich klingelte.

Ein Mann mit einer blauen Schürze öffnete. Ich begrüßte ihn höflich und stellte mich als der Deutsche vor, der vom State Department eingeladen war, mit der Familie Wright Thanksgiving zu feiern. Der Mann freute sich über meinen Besuch und erklärte, dass ich ihn Thomas nennen solle. Dann gingen wir ins Wohnzimmer. Thomas stellte mich als »Peter from Germany« vor und nannte mich »our guest for Thanksgiving«.

Dann entschuldigte er sich und ging in die Küche, denn er war für den Truthahn zuständig.

Die Familie nahm mich sofort in ihren Zirkel auf. Großmutter Wright – man nannte sie Granny – drückte mir zusammengebundene Holzstäbe in die Hand, um die man im Kreis bunte Fäden wickelte. Alle Familienmitglieder fabrizierten diese »Indian Eyes«. Sie sollten später auf einem Basar für wohltätige Zwecke verkauft werden.

Man muss wissen, dass Thanksgiving ein wichtiges Familienfest in den USA ist. Im Mittelpunkt steht ein großes Abendessen im Familienkreis. Es gibt den Truthahn, den Thomas mit der blauen Schürze in der Küche gerade zubereitete. Seine Frau war für die Zutaten zuständig. Es gab süße Kartoffeln, Kürbisauflauf, Preiselbeersauce und grüne

Erbsen mit Mais. Alles Sachen, die auch die Pilgrimfathers gegessen haben, erklärte Granny mir, als sie für mich noch ein zusätzliches Gedeck einsetzte.

Wir nahmen Platz und bewunderten mit Beifall den mächtigen Truthahn, den Thomas gebraten hatte und den er jetzt höchst sachkundig tranchierte. Dann hatten wir jeder unser Stück Turkey mit Beilagen auf dem Teller und begannen zu essen.

Plötzlich klingelte es. Thomas kam mit einem freundlich lächelnden Herrn ins Zimmer, der erst Granny und dann die Dame des Hauses mit Küsschen begrüßte.

»Oh«, sagte er, »ihr esst schon. Wir warten noch auf einen Gast aus Deutschland, der mit uns zusammen Thanksgiving feiern soll. Vermutlich ist er im Schnee stecken geblieben!«

Thomas stand auf und stellte mir seinen Bruder Timothy vor. Timothy wohnte im Nachbarhaus Nr. 15 a.

Immer wieder stelle ich mir vor, was wohl passiert, wenn am Heiligabend oder am 1. Weihnachtstag ein Inder an unserer Haustür klingelt und mir mitteilt, dass ihn die deutsche Regierung eingeladen habe, mit meiner Familie und mir das Weihnachtsfest zu begehen. Weihnachten ist bei uns wie Thanksgiving in den USA ein wichtiges Familienfest des Jahres.

Ob meine Frau wohl mit der gleichen Gelassenheit wie die Granny in Albuquerque ein zusätzliches Gedeck eingesetzt hätte?

Die Kofferaffäre

Sind Sie schon einmal in den Urlaub geflogen und Ihre Koffer kamen nicht an? Ganz schön unangenehm. Man muss die ersten Tage ohne Wäschewechsel auskommen und jeden Abend das T-Shirt waschen. Ich sage Ihnen: Im Urlaub geht das ja noch. Aber was machen Sie als Protokollchef auf einer offiziellen Besuchsreise, wenn Ihr Gepäck bei Ankunft verschollen bleibt?

Mir ist das so ergangen. Plötzlich stand ich auf dem Flughafen in Peking, und das Gepäckband lieferte keinen Koffer mehr an. Meiner blieb verschwunden. Ich fuhr also nur mit meinem Aktenkoffer ins Hotel und freute mich darüber, dass es nicht der Koffer des Bürgermeisters war, der auf der Strecke geblieben war.

Am nächsten Morgen stand ich früh auf und fuhr zum Flughafen. Auch die Morgenmaschine aus Frankfurt brachte mein Gepäck nicht mit. Eine freundliche Stewardess der Lufthansa erklärte mir, dass ich mich auf Kosten der Fluggesellschaft in China ruhig neu einkleiden könne. Ich solle mich am besten an die Rezeption des Hotels wenden, die sicher wüsste, wo ich entsprechende Kleidung erwerben könne. Erleichtert fuhr ich ins Hotel zurück.

Das Delegationsprogramm lief den ganzen Tag, und am Nachmittag war das Ersatzhemd aus dem Aktenkoffer leicht ergraut. Ich ließ einen Termin aus und ging mit dem Dolmetscher der deutschen Botschaft an die Hotelrezeption. Er sah merkwürdig sorgenvoll aus. Auch die freundliche Dame an der Rezeption holte sich zunächst einmal Hilfe. Dann erklärte man mir mit vereinten Kräften, dass man einige Schwierigkeiten damit habe, mir Kleidung in der mir passenden Größe zu beschaffen. Man habe insbesondere deshalb Probleme, weil ich ziemlich groß sei. Die chinesischen Landsleute seien hingegen zierlich und wesentlich kleiner als ich. Vielleicht könne ich mich im Freundschaftsladen des Hotels umsehen, dort führe man einige Artikel in meiner Größe.

Es war nicht nur meine Figur, die Schwierigkeiten verursachte, es waren auch die äußeren Umstände in China im Jahr 1974. Die »Große Proletarische Kulturrevolution« war in ihrer letzten Phase. Die sogenannte »Viererbande« mit Frau Jian Qin, der Frau Mao Zedongs, an der Spitze leitete die Geschicke der Volksrepublik. Mao war krank. Das Land war wirtschaftlich schwer angeschlagen. Importe aus westlichen Ländern gab es kaum, schon gar nicht europäische Kleidung.

Der »Freundschaftsladen« im Hotel war eine Art Souvenirladen. Bezahlen konnte man lediglich mit einer nur für Besucher (= Freunde) gängigen Währung.

Ich brauchte dringend Unterwäsche, denn es bestand durchaus die Gefahr, dass ich zum weitriechendsten Protokollchef in China wurde. Als weißes Unterhemd erstand ich ein T-Shirt mit einem schwarz gedruckten springenden Pferd. Um zu verhindern, dass das Tier durch mein Oberhemd hindurchschimmerte, zog ich das Shirt so an, dass das Pferd auf meinem Rücken sprang. Ferner gab es noch leicht orangefarbene Unterhemden und Unterhosen. Sie waren aus reiner Seide und sehr gut anzuhaben – aber die Farbe! Meine Kinder haben sie später gerne zu Karneval als Kostüme getragen. Aus Seide war auch der Schlafanzug. Er war knallgelb.

Im Übrigen bewährte sich das chinesische Organisationstalent. Am Ende jeden Tages – nach der letzten Veranstaltung – erschien regelmäßig ein Mitarbeiter des Peking-Hotels in meinem Zimmer, nahm Anzug, Oberhemden (ich hatte ja immerhin zwei), Socken und Unterwäsche mit und gab sie früh am nächsten Morgen gewaschen oder gereinigt und gebügelt bei mir wieder ab.

Der Koffer wurde meiner Frau kurz vor meiner Rückkehr ins Haus geliefert. Er hatte eine weite Reise hinter sich und kam über die arabischen Emirate, Wladiwostock und Kopenhagen wohlbehalten zurück nach Bremen.

Das Missverständnis

Auf dem Weg von Paris nach Cherbourg übernachteten wir in Étretard, einem hübschen Ort an der französischen Atlantikküste. Der Ort ist so malerisch, dass schon französische Impressionisten ihn in ihren Bildern festgehalten haben.

Der nächste Morgen brachte schönes Wetter, und ich ging fröhlich zum Frühstück an den Tisch des mitreisenden Staatsrats.

»Darf ich mich setzen?«, fragte ich höflich.

»Lieber nicht!«, war die Antwort.

Ich ging zum Tisch des Bürgermeisters, der mit ausgestrecktem Finger auf den Stuhl ihm gegenüber zeigte. Ich nahm Platz. Das Frühstück war reichlich, und wir saßen uns schweigend gegenüber. Nach einiger Zeit verließ der Staatsrat den Frühstücksraum.

»Er ist sauer auf Sie!«, sagte der Bürgermeister.

»Kann ich mir nicht erklären.« Ich war erstaunt.

»Er sagt, Sie hätten die Reise zwar sehr gut organisiert, aber er werde Sie nicht wieder für eine Auslandsreise abstellen. Schließlich sei es nicht in Ordnung, dass Sie Ihre Aufgabe als Organisator missbrauchten, um sich auf der Reise Vorteile zu verschaffen.«

»Was für Vorteile meint er denn?«, fragte ich verständnislos. »Er hat mir gesagt, dass Sie für sich eine Suite genommen hätten, während er in einem Doppelzimmer untergebracht worden sei.«

»Aber Sie sind doch in meinem Zimmer gewesen«, sagte ich, »Sie haben doch selbst gesehen, dass ich nur ein einfaches Einzelzimmer mit Blick auf das Landesinnere habe. Seins hat sogar Seeblick.«

»Das habe ich ihm auch gesagt, aber er hat es nicht geglaubt. Er habe deutlich gehört, dass die Dame an der Rezeption mit Ihnen über eine Suite gesprochen hat.« Jetzt erinnerte ich mich. Als ich an der Rezeption stand, um die Zimmer zu bezahlen, ging der Staatsrat hinter mir in den Frühstücksraum. Ich hatte nach der Dame an der Rezeption gerufen und er ihre Antwort gehört:

»Tout de suite, monsieur!« (»Sofort, der Herr!«)

Über Niederländer und Belgier

Die Belgier gelten bei den Niederländern als begriffsstutzig. Man sagt von ihnen, dass sie ein wenig langsam denken, aber sie seien trotzdem nette Nachbarn.

Auf einer offiziellen Reise in die Niederlande und nach Belgien hatten wir auf Einladung des deutschen Botschafters zusammen mit ihm und dem belgischen Botschafter in der Residenz in Den Haag gefrühstückt. Zur Weiterfahrt nach Belgien stellte uns der deutsche Botschafter freundlicherweise seinen Dienstwagen mit einem deutschsprachigen holländischen Fahrer zur Verfügung.

Ich saß vorne neben dem Fahrer, im Fond hatten der Bürgermeister und der belgische Botschafter Platz genommen. Sie sprachen in deutscher Sprache über politische Probleme. Der belgische Botschafter hatte in Deutschland studiert.

Wir kamen zügig voran.

Plötzlich sagte der Fahrer zu mir: »Soll ich Ihnen einmal meinen besten Witz über die Belgier erzählen?«

Ich erschrak leicht, beugte mich nach links und sagte leise zu dem holländischen Fahrer: »Sie wissen aber, dass dahinten der belgische Botschafter in den Niederlanden sitzt?«

Der Fahrer sah mich freundlich an.

»Dann erzähle ich den Witz eben zweimal!«

Der Schreck mit dem Scheck

Im Jahre 1971 fand eine Delegationsreise statt, die über Thailand, Malaysia und Singapur auch nach Indonesien ging. Der Senat der Freien Hansestadt Bremen beschloss, der indonesischen Regierung einen Betrag in Höhe von 50.000 D-Mark zu spenden. Das Geld sollte »für eine soziale und kulturelle Einrichtung in Indonesien« verwendet werden. Gleichzeitig sollte damit der Bitte Bremens um den Erhalt der Tabakbörse im Hafen von Bremen ein wenig Nachdruck verliehen werde.

Der Senat war der Auffassung, dass eine Spende dieser Höhe notwendig sei, weil sie deutlich über derjenigen liegen müsse, die der Bremer Wirtschaftssenator Karl Eggers im Jahr 1968 für die Bibliothek der Universität Djakarta erbracht habe. Da der Bürgermeister gegenwärtig Präsident des Deutschen Bundesrates sei – also ein hohes deutsches Staatsamt bekleide –, müsse die Summe ein gewisses Niveau erreichen.

Ich begab mich also mit einem entsprechenden Scheck im Aktenkoffer auf die Reise. Um die Spende in Indonesien möglichst unkompliziert einlösen zu können, hatte mir die Bremer Landesbank einen sogenannten Bankerscheck ausgestellt. Er war von zwei Vorstandsmitgliedern der Bank unterschrieben und daher ohne große Rückfragen jederzeit von praktisch jedermann einzulösen.

Nach Thailand besuchten wir Malaysia. Zur Sicherheit deponierte ich den Scheck in einem Briefumschlag im Hoteltresor.

Als wir am Morgen des 26. Januar das Hotel verlassen wollten, um nach Penang weiterzufahren, öffnete ich zusammen mit einem Herrn der Hotelleitung den Hoteltresor – er war leer.

Die Aufregung war entsprechend. Nur der Bürgermeister aß in Ruhe sein Frühstücksmüsli und erklärte die ganze Angelegenheit zu meinem Problem. »Ihnen wird schon was einfallen!«, meinte er.

Eine Anzeige bei der Polizei von Kuala Lumpur erfolgte sofort. Ebenso schnell reagierte der Außenstellenleiter einer deutschen Bank, der den Scheck sofort in ganz Südostasien und dann bei allen Banken der Welt sperren ließ. Beruhigend war das zwar noch nicht, aber immerhin war der Scheck noch nicht eingelöst worden, und ich hatte das Notwendigste veranlasst.

Ich rief in Bremen an und bestellte einen neuen Scheck. Schließlich sollte der Bürgermeister nicht ohne Spende nach Indonesien reisen. Die Aufregung in der Führungsetage der Senatskanzlei war erheblich größer als am Frühstückstisch in Kuala Lumpur. Aber man handelte schnell in Bremen und schickte ein klärendes Fernschreiben an die Deutsche Botschaft in Djakarta:

Das Problem war so zum Teil gelöst. Der Bürgermeister übergab dem indonesischen Regierungschef Präsident Suharto die Spende aus Bremen.

Später erfuhr ich, dass mich möglicherweise nur ein glücklicher Umstand vor einem größeren Verlust bewahrt hat.

Der Scheck kam um den 26. Januar 1971 abhanden. Chinese New Year, das chinesische Neujahrsfest, war am 27. Januar 1971. An diesem Tag sind alle Banken in Südostasien geschlossen. Der Scheck hätte später – wenn überhaupt – nur unter großen Schwierigkeiten eingelöst werden können, schließlich war er ja gesperrt.

F e r n s c h r e i b e n

Diplo. Germa.
Djakarta/Indonesien
Fernschreib-Nr. 4333

Landeshauptkasse Bremen hat über Bremer Landesbank heute telegrafisch 50 000,-- DM an Bank DAGANG Negara, Djakarta, zur Verfügung Deutsche Botschaft überwiesen. Der Betrag ist für die zur Zeit dort befindliche bremische Delegation unter Leitung des Präsidenten des Senats, Herrn Bürgermeister Koschnick, bestimmt. Es wird gebeten, den Betrag der bremischen Delegation auszuhändigen.
Die Bremer Landesbank hat darauf hingewiesen, daß nach den dortigen Bankusancen der Empfänger, d.h. ein Vertreter der dortigen Botschaft, persönlich wegen der Auszahlung bei der Bank DAGANG Negara vorsprechen müsse.

Ich bitte Sie um Bestätigung dieses Schreibens und danke Ihnen für Ihre Vermittlung.

Finanzsenator Bremen
Im Auftrag

gez. Qunatmeyer

Das rettende Fernschreiben

Mit dieser peinlichen Geschichte landete ich prompt in der Rubrik »Personalien« des Nachrichtenmagazins »Der Spiegel«. Immerhin, das ist doch auch was!

Der »Weser-Kurier« berichtete übrigens sehr freundlich.

Corinto / Nicaragua

Im Gegensatz zu Bremerhaven unterhält die Stadt Bremen keine Städtepartnerschaften. Das hat schon vor langer Zeit Bürgermeister Kaisen (Amtszeit 1945–65), übrigens in Abstimmung mit seinem Hamburger Kollegen, so entschieden, nachdem ihm binnen kurzer Zeit der 50. Antrag einer Hafenstadt mit der Bitte um Partnerschaft vorgelegt worden war. Es gibt eben einfach zu viele Hafenstädte in aller Welt, die von hamburgischen und bremischen Schiffen angelaufen werden.

Weitere Anträge folgten, und irgendwann war eine Ablehnung politisch nicht mehr durchzuhalten. So schloss der Senat im Jahr 1976 mit Gdansk/VR Polen eine Rahmenvereinbarung über die gegenseitige Zusammenarbeit. Eine solche Vereinbarung sollte mehr sein als eine der üblichen Städtepartnerschaften, bei der sich in regelmäßigen Abständen eigentlich nur die Bürgermeister oder sonstige Honoratioren der Partnerstädte gegenseitig besuchen. In einer Rahmenvereinbarung werden genau beschriebene Austauschaktivitäten im Voraus festgelegt, die – von den beiden Städten verbindlich finanziert – dann bewirken, dass sich die Einwohner der Städte bei konkreten Projekten gegenseitig besuchen.

In der Folgezeit geriet bei diesen Aktivitäten offenbar allmählich in Vergessenheit, dass Bremen eigentlich keine Städtepartnerschaften abschließt, denn Bremen unterhält heute zehn Städtepartnerschaften (Hamburg neun). Eine davon ist Corinto in Nicaragua.

Der Bürgermeister wollte sich vor einem Besuch mit der Bremer Lagerhausgesellschaft in den USA unbedingt auch einmal einen Eindruck von Nicaragua und besonders von der Partnerstadt Corinto verschaffen.

Zunächst verbrachten wir einen unergiebigen Tag im Intercontinental-Hotel in Managua und sahen nichts vom Land und seiner Hauptstadt. Angeblich bestanden Sicherheitsbedenken. Doch dann ging es per Auto 150 Kilometer in den Norden an die Pazifikküste.

In Corinto begrüßte und betreute uns Pater Josef Schendel. Ein eindrucksvoller Mann, der neben seiner Gemeinde »Alemania Federal« und anderen freiwilligen Ämtern auch noch Honorarkonsul der Bundesrepublik Deutschland war. Er wusste alles über alle in Corinto. Er wurde, weil er so viel wusste, auch nicht von allen geliebt. Zwei Attentate überstand er glücklicherweise.

Bremen hatte in Corinto eine Autoreparaturwerkstatt eingerichtet. Dort sollten Trecker und Lastwagen repariert und Lehrlinge ausgebildet werden. Der Pater führte uns in die Ausbildungswerkstatt. Nirgends war ein Trecker oder Lastkraftwagen zu sehen. Lehrlinge, Gesellen und Meister reparierten Privatwagen und Autos aus dem Fuhrpark des Bürgermeisters – natürlich alles unentgeltlich. Unser Bürgermeister stellte das durch ein Gespräch mit dem Kraftfahrzeugmeister, der aus Hastedt stammte, sofort ab. Sein Amtskollege in Corinto guckte bei dem späteren Treffen leicht säuerlich.

Nicht so schnell beheben ließen sich die zahlreichen Löcher in der Überlandwasserleitung, die Bremen mitfinanziert hatte.

Sie war von Wassernutzern an vielen Stellen angebohrt worden. Auf diese Weise wurde bequem Wasser abgezapft.

Sehr gut lief das Schulprojekt. Zur Begrüßung beim Besuch der Schule spielte herrlich schräg eine von Pater Schendel gegründete Blaskapelle, die auch einige von Bremen gestiftete Instrumente besaß. Der Schulbau war bereits schön vorangekommen, und in zwei Klassen wurde schon Unterricht erteilt. Der Bürgermeister unterhielt sich angeregt mit einer Bremer Lehrerin, die dort arbeitete.

Am Abend saßen wir mit Pater Schendel und einigen seiner Freunde auf der staubigen Terrasse des Gästehauses, in dem wir anschließend eine feuchtwarme Nacht verbringen sollten.

Am nächsten Morgen stand der Bürgermeister besonders früh auf. Das war höchst ungewöhnlich. Er duschte lange und flötete fröhlich, bevor er mich ins Badezimmer ließ. Ich trat unter die Dusche und drehte am Wasserhahn. Kein Tropfen Wasser. Schließlich wusch ich mich notdürftig in einer bereitgestellten Wasserschale und traf dann den fröhlichen Bürgermeister am Frühstückstisch.

»Übrigens«, sagte er, »Pater Schendel hat mir gestern Abend vertraulich eine wichtige Nachricht übermittelt. Sie sollten die wissen.« Ich war neugierig. »Pater Schendel hat mir gesagt,« berichtete der Bürgermeister mit halblauter Stimme, »dass hier das Wasser rationiert wird und immer höchstens für ein Duschbad reicht. Man muss hier also immer früh aufstehen!«

Ein Premierminister gibt sich die Ehre und wahrt Chinas Gesicht

Vom 14. bis 23. April 1985 reiste eine bremische Delegation erneut in die Volksrepublik China. Im Mittelpunkt dieser Reise stand ein Besuch in der nordchinesischen Hafenstadt Dalian. Zusammen mit der Handelskammer Bremen wollte der Bürgermeister dort für den Senat eine Rahmenvereinbarung über die zukünftige Zusammenarbeit zwischen Bremen und Dalian abschließen. Die Beteiligung der Handelskammer zeigt schon den Schwerpunkt der gemeinsamen Projekte auf. Er lag auf wirtschaftlichem Gebiet.

Schon beim ersten Besuch im Hafen von Dalian wurde uns die jüngere Geschichte Bremens vor Augen geführt. Die größte Werft von Dalian hatte den berühmten Portalkran der A.G. »Weser« im Jahr zuvor aus der Konkursmasse der Bremer Werft gekauft und auf ihrem Gelände wieder aufgebaut. Er war im Hafen von Dalian weit sichtbar und prägte seine Umgebung, wie er einst Bremen-Gröpelingen geprägt hatte. Der blaue Anstrich war geblieben, nur standen statt »A.G. ›WESER‹« chinesische Buchstaben oben auf dem Querträger des Portalkrans.

»Da fühlt man sich ja fast heimisch«, sagte der Bürgermeister mit leicht belegter Stimme. Er hatte als Waller Junge seine Kindheit im Schatten dieses Portalkrans verbracht.

Wenig später unterschrieben er und der Bürgermeister von Dalian zusammen mit dem damaligen Präses der Handelskammer Bremen, Dr. Horst Willner, die Rahmenvereinbarung.

Kurz vor dem Abflug nach Peking hörten wir vom deutschen Botschafter Dr. Per Fischer aus Peking, dass uns am Abflugtag der Premierminister der Volksrepublik China empfangen werde. Natürlich waren wir hocherfreut.

Pünktlich um 16 Uhr war die kleine bremische Delegation am Flughafen von Dalian. Unser Gepäck versorgte das Bürgermeisteramt, und der Bürgermeister brachte uns in eine Art VIP-Lounge. Von der Botschaft in Peking hatten wir erfahren, dass der Empfang beim Premier-

Portalkran der A.G. »Weser«, 1964

minister um 19 Uhr geplant sei. Für den Flug von Dalian nach Peking benötigten wir ungefähr anderthalb Stunden. Wir konnten also vor dem Empfang noch in das Hotel und uns angemessen kleiden. Nach dem Empfang hatte uns der deutsche Botschafter zu einem kleinen Abendbrot in seine Residenz eingeladen.

Wir warteten.

Gegen 16.30 Uhr kam ein Mitarbeiter der chinesischen Fluggesellschaft CAAC in den VIP-Raum und flüsterte dem Dolmetscher ins Ohr. Der erhob sich und teilte uns mit, dass sich der Flug bedauerlicherweise etwas verspäten werde. Sofort dachte ich an die scherzhafte

Bremen und Dalian vereinbaren 1985 vertraglich die Zusammenarbeit

Bezeichnung der Fluggesellschaft CAAC als »China Airlines always cancelled«. Wie auf Flughäfen üblich, erfuhren wir dann die ganze Wahrheit häppchenweise. Die Maschine, die uns nach Peking bringen sollte, war wegen eines Sandsturms in Peking noch nicht gestartet. Dann verzog sich der Sandsturm, und die Maschine flog ab. Es war 19 Uhr. Das war die für den Besuch beim Premierminister angesetzte Zeit.

Wir warteten weiter, und ich erlernte vom persönlichen Assistenten des Bürgermeisters von Dalian die Kunst des GO-Spiels. Schließlich wurden wir gegen 21 Uhr in das Flugzeug gebracht. Den Besuch beim Premierminister hatten wir im Geiste abgeschrieben.

Am Flughafen Peking wartete vor der Gangway der deutsche Botschafter in seinem Dienst-Mercedes und einige Autos der Marke »Rote Fahne« von der chinesischen Regierung. Wir wurden schnell in die Wagen gebeten, und man fuhr los.

»Premierminister Zhao Ziyan wartet auf Sie«, erklärte der Botschafter.

»Er empfängt uns noch um diese Zeit, es ist ja schon fast 23 Uhr?«

»Natürlich wartet er, denn es ist ja das Problem der chinesischen Fluggesellschaft gewesen, dass Sie so spät hat eintreffen lassen. Den Fehler will der Premier nicht auf seinem Land sitzen lassen!«

So trafen wir den Premierminister der Volksrepublik China, Zhao Ziyang, kurz vor Mitternacht in seinem Amtssitz. Zhao Ziyang war dabei, in China marktwirtschaftlich orientierte Reformen einzuführen. Deshalb schätzte er auch Verträge wie die Rahmenvereinbarung zwischen Bremen und Dalian. Die Chinesen erfanden ein Wortspiel auf seinen Namen. Es lautete: »Yao chi liang« und bedeutete: »Willst du essen, folge Zhao Ziyan.«

Der Premier hatte die Wartezeit offenbar genutzt, um etwas über Bremen zu lesen, denn er war gut informiert über die Lage des Bundeslandes. Nur über die Werftenkrise sprach er nicht, wahrscheinlich wusste er sogar über den Kauf des Portalkrans der A.G. »Weser« für Dalian Bescheid. Zum Ende des Gesprächs bedankte er sich für den Abschluss der Rahmenvereinbarung, die der Grund für den überraschenden Empfang gewesen war.

Was einem sonst so im Rathaus passiert

Die Tapete aus Texas

Die Ledertapete aus der Güldenkammer des Bremer Rathauses

Im September 1971 landet das Schreiben eines Kunstauktionshauses aus Houston/Texas auf meinem Schreibtisch. Der Briefschreiber fügt ein Foto bei und fragt, ob dieses Stück Ledertapete aus dem Bremer Rathaus stamme. Sein Auftraggeber aus Houston behaupte das und sei zudem der Ansicht, es handele sich um ein echtes Kunstwerk aus dem deutschen Jugendstil.

Mit einem Blick erkennt man hier einen Teil der Vogelertapete aus der Güldenkammer des Bremer Rathauses. Aber wie kommt dieser Tapetenteil nach Texas?

Aus den Akten der Senatskanzlei weiß ich, dass die Güldenkammer im Zweiten Weltkrieg durch eine Brandbombe getroffen wurde und einige Feuerschäden erlitten hatte. 1943 hatte die Rathausverwaltung auf Anordnung des Landesdenkmalpflegers zwar das Mobiliar und weitere Kunstgegenstände der Güldenkammer ausgelagert, allerdings nicht die Tapete. Sie wies aber nach Kriegsende durch die Brandbombe verursachte Schäden auf, war teilweise abgenommen worden und lag in einzelnen Stücken in der Güldenkammer herum.

Am 15. Juni 1945 wurde der Bremer Ratskeller Offizierskasino und die untere Rathaushalle Biergaststätte für die Soldaten der Besatzungsmacht.

Das Rathaus war also für Angehörige der Besatzungsmacht weitgehend zugänglich. Zu den offenen Räumen gehörte auch die Güldenkammer mit dem Schutt und den teilweise heruntergerissenen Ledertapeten.

Es ist also zu vermuten, dass irgendein kunstsinniger amerikanischer Besatzungssoldat aus Houston seinerzeit an einigen Tapetenteilen Gefallen fand und sie als kleine Andenken in die Heimat mitnahm.

Dem Auktionshaus in Texas teilte ich also mit, dass es sich um einen Teil der Jugendstiltapete aus dem Bremer Rathaus handelte.

Leider habe ich nichts über den Erlös aus der Auktion der Tapetenreste gehört.

Übrigens: Die Bremer waren nicht sehr böse über die Verwendung ihres Ratskellers als Offizierskasino. Die amerikanischen Gesundheitsoffiziere erlaubten den Soldaten nämlich nur, die Weine aus den jüngeren Jahrgängen zu trinken, weil deutsche Weine älteren Jahrgangs möglicherweise gesundheitsschädlich sein könnten. Aus diesem Grunde blieben dem Ratskeller die wertvollen alten Jahrgänge ihrer Weine in der »Schatzkammer« erhalten.

Wie Simon Bolivar in das Rathaus kam

Die Herren stehen im Halbkreis. Sie halten Gläser mit Sekt und Orangensaft in den gepflegten Händen und hören mit geübtem Interesse dem Redner zu. Sie sind erfahrene Teilnehmer an Feierstunden, Festakten und Veranstaltungen, zu denen man Sekt und Orangensaft reicht – es sind die Botschafter und Konsuln der bolivarianischen Länder.

Wir schreiben den 22. August 1983. Gefeiert wird der 200. Geburtstag von Simon Bolivar im Gobelinzimmer des Bremer Rathauses, und der Redner ist der Präsident des Senats der Freien Hansestadt Bremen, Bürgermeister Hans Koschnick. Hören wir einmal in seine Rede.

»Meine sehr geehrte Herren Botschafter und Konsuln, liebe Freunde der bolivarianischen Länder, ich habe Sie heute zu dieser Zusammenkunft gebeten, weil Bremen mit seinen vielfältigen Verbindungen zu Lateinamerika einen bescheidenen Beitrag zum 200. Geburtstag Simon Bolivars leisten möchte. Da dieser Beitrag indessen nicht auf das Jahr 1983 beschränkt bleiben soll, haben wir uns entschieden, diese Büste hier ins Rathaus zu übernehmen: als Symbol für die guten Beziehungen Bremens zu Lateinamerika und als Ehrung für einen großen Sohn Ihres Kontinents.«

Eine spanische Zeitung titelt nach diesem Ereignis: »El primer extranjero en la Alcaldia de Bremen« – »Der erste Ausländer im Bremer Rathaus«. Vor Kurzem wurde eine Büste von Mahatma Ghandi im Gobelinzimmer aufgestellt. Er ist der zweite Ausländer im Rathaus.

Um den in feinstem Carrara-Mamor gehauenen Bolivar – und wie er überhaupt ins Rathaus kam – gibt es gleich mehrere kleine Geschichten zu erzählen.

Gestiftet wird die vom Bremer Bildhauer Ernst von Wachold im Jahre 1932 geschaffene Büste vom damaligen venezolanischen Konsul in Bremen, Heinrich Carl Franzius-Uslar. Der Ort ihrer Aufstellung liegt im Stadtteil Horn, und zwar an der Ecke Marcusallee / Deliusweg, woselbst man in einer schlichten Feierstunde am 24. Juli 1934 aus Anlass des 150. Geburtstages von Simon Bolivar das Kunstwerk enthüllt.

Der 150. Geburtstag Simon Bolivars war zwar am 24. Juli 1933 – also ein Jahr früher –, aber das tat der Feier keinen Abbruch. Die Vorbereitung hatte eben etwas länger gedauert. So ist das in Bremen.

Auf der Vorderseite des Sockels sind die Worte zu lesen:

SIMON BOLIVAR
der Befreier

Zum Andenken an seinen 150. Geburtstag, 24. Juli 1933
Die Republiken VENEZUELA, KOLUMBIEN, ECUADOR,
PERU, BOLIVIEN, PANAMA

Der Ruhm Bolivars gehört der Menschheit
Alexander v. Humboldt

Die Inschrift auf der Rückseite des Sockels besagt weiter, dass das Denkmal der Freien Hansestadt Bremen im Namen des Präsidenten von Venezuela, des Generals Juan Vincente Gomez, errichtet sei. Gestiftet hat es Konsul Heinrich Franzius-Uslar.

Die Bolivar-Büste im Bremer Rathaus

Nach 25 Jahren und einem Weltkrieg steht die Büste noch immer in der Marcusallee. Der Marmor ist leicht verwittert, die Inschrift auf dem Sockel kaum noch zu lesen.

Am 28. Oktober 1959 erhält Bürgermeister Wilhelm Kaisen vom Konsul der Republik Venezuela, Gerson de Marchena Leon, ein Schreiben, in dem es heißt: »[...] Daher möchte ich Sie im Namen meiner Regierung um die Erlaubnis bitten, die im Bürgerpark [der Mann irrt natürlich, es geht weiterhin um die Ecke Marcusallee / Deliusweg] aufgestellte Büste des Freiheitshelden Simon Bolivar durch eine neue, schönere und wertvollere auf Kosten der Regierung von Venezuela ersetzen zu lassen.«

Wilhelm Kaisen akzeptiert das freundliche Angebot.

Man schreitet zur Tat und holt Kostenvoranschläge ein. Für die Herstellung der Erinnerungsstätte entstehen Kosten in Höhe von 36.000 D-Mark, und für die Herrichtung der näheren Parkumgebung berechnet das Gartenbauamt noch einmal 4000 D-Mark.

Dem Konsul von Venezuela geht es aber überhaupt nicht um die Büste. Die Marmorbüste des Bremer Bildhauers von Wachold ist nämlich nicht nur schöner, sondern auch wesentlich wertvoller als der Serienguss von Rizzi aus Mailand. Es geht dem Herrn Konsul darum, dass der Sockel der Büste mit dem Namen des venezolanischen Diktators General Juan Vincente Gomez verschwindet. Diktator Gomez war lediglich »ein Viehzüchter aus den Anden, der seine siebenundzwanzigjährige Regierungszeit (1908–1935) dazu benutzte, Kinder und Geschäfte zu machen«, kennzeichnet profiliert der Journalist und Schriftsteller Eduardo Galeano diesen Herrn. Es handelt sich also bei der ganzen Aktion um die politische Aufarbeitung der venezolanischen Vergangenheit, und die kostet eben Geld. Da sind 40.000 D-Mark eigentlich auch nicht zu viel, findet jedenfalls der Herr Konsul.

Die Rückseite des Sockels trägt übrigens in Erinnerung an das Enthüllungsjahr 1934 auch noch ein hübsches Hakenkreuz. Das aber hat offenbar bis 1960 niemanden in Bremen gestört.

Man fertigt also einen neuen Sockel aus Krensheimer Muschelkalkstein mit erhabenen Buchstaben und dem alten Text.

Die Rückseite des Sockels ziert jetzt folgende Inschrift:

»Der Freien Hansestadt Bremen im Namen der Regierung von Venezuela zur Erinnerung an die 150-Jahrfeier der Unabhängigkeit von Venezuela, 24. Juli 1960«

Zwar sind die Blasmusiker vom Polizeiblasorchester Bremen und auch die Mitglieder des Bundeswehrmusikcorps samt Noten der Nationalhymnen in Urlaub, aber man findet für 650 D-Mark Ersatz. Die Einweihungsfeierlichkeit findet planmäßig am 24. Juli 1960 statt.

Die Marmorbüste des Bildhauers von Wachold verschwindet im Magazin des Landesamtes für Denkmalpflege.

Mehr als zwanzig Jahre vergehen. Da erinnert der Vorsitzende des Ibero-Amerika Vereins mit einem Schreiben den Präsidenten des Senats daran, dass sich am 24. Juli 1983 der Geburtstag Simon Bolivars zum 200. Male jährt und die Senate von Bremen und Hamburg mit Sicherheit damit rechnen müssten, in die zahlreichen Bolivarfeiern einbezogen zu werden. Des Weiteren schlägt er vor, aus diesem Anlass die im Jahre 1960 entfernte Marmorbüste nun im Rathaus aufzustellen.

Bürgermeister Hans Koschnick findet den Vorschlag reizvoll und notiert an den Briefrand:

»Ich hätte hier keine Bedenken – Rathaus ja. XY, prüfen Sie den Vorschlag und dann bitte R.« XY ist Koschnicks höchster Beamter, der Staatsrat, und »R.« bedeutet: Rücksprache. Damit ist Bolivar zur Chefsache erklärt.

Die Suche nach der Marmorbüste beginnt.

Im Magazin des Landesamtes für Denkmalpflege ist sie nicht. Auch Focke-Museum und Staatsarchiv können nicht weiterhelfen.

Da kommt eine erste Spur: Die Büste wurde in einem Garten im Bürgerparkviertel gesichtet – aber da ist sie nicht mehr.

Eine neue Spur tut sich auf: Büste in einem Garten in einem vornehmen Wohnviertel in Hamburg gesichtet. Sie steht dort und befindet sich, wie gemeldet wird, in tadellosem Zustand.

Bolivarbüste gefunden. Aber wie kommt die nach Hamburg?

Als ich die Fakten erfahre, läuft in meiner Vorstellung eine Filmszene ab:

Aufblende

Arbeitszimmer des Professors in der Klinik/Innen/Tag

Vornehm sachlich eingerichtetes Arbeitszimmer mit großem Schreibtisch. An weißen Wänden hängen Grafiken zeitgenössischer Künstler. Hinter dem Professor eine Bücherwand mit Fachliteratur über Augenheilkunde. Einige Werke in englischer, französischer und spanischer Sprache. Ein Band mit japanischen Schriftzeichen fällt besonders auf.

Am Schreibtisch im weißen Kittel: der Professor, etwas über fünfzig Jahre alt. Gepflegte Erscheinung, Seidenkrawatte, teures Brillengestell, Rolex-Uhr am Handgelenk. Der Schreibtisch ist aufgeräumt, der Professor schreibt Aktennotizen.

Auf dem Schreibtisch beginnt es aus einer Gegensprechanlage zu knarzen.

Weibliche Stimme (durch Lautsprecher):

Herr Professor, der Herr Landesdenkmalpfleger ist da. Darf er eintreten?

Professor (drückt eine Taste des Geräts):

Ja bitte.

Die Tür öffnet sich. Eine weiß gekleidete Arzthelferin weist einen kleinen Herrn in das Zimmer. Der Professor steht auf, geht um den Schreibtisch, gibt dem kleinen Herrn die Hand und deutet auf einen Sessel vor dem Schreibtisch.

Professor:

Nehmen Sie bitte Platz.

Während der kleine Herr Platz nimmt, geht der Professor um den Schreibtisch und setzt sich.

Professor:

Wie geht es Ihnen, Herr Denkmalpfleger?

Denkmalpfleger:

Ausgezeichnet, Herr Professor. Ich kann nach der Augenoperation durch Sie jetzt erheblich besser sehen. Ich fühle mich wie neugeboren. Vielen, vielen Dank!

Professor:

Wir wollen hoffen, dass sich das jetzt eine Weile so hält. Wir müssen das aber regelmäßig kontrollieren.

Denkmalpfleger:

Werde ich selbstverständlich machen. Ich weiß gar nicht, wie ich Ihnen danken soll!

Professor:

Das ist mein Beruf. Ich freue mich sehr, wenn ich erfolgreich für meine Patienten arbeiten darf.

Der Professor erhebt sich, geht um seinen Schreibtisch herum und gibt dem Denkmalpfleger die Hand. Der Denkmalpfleger steht auf und geht zusammen mit dem Professor zur Tür. Plötzlich bleibt der Professor stehen.

Professor:

Ich hätte da doch ein Anliegen. Mein privater Garten wurde gerade gärtnerisch neu gestaltet, und da würde irgendeine kleine Plastik oder eine Säule sehr hübsch passen – wenn Sie verstehen.

Denkmalpfleger (eifrig, fast erleichtert):

Kommen Sie doch ruhig einmal in mein Magazin. Wenn in Bremen alte Häuser abgebrochen werden, retten wir immer besonders hübsche Gebäudebestandteile von der Fassade, aber auch von innen. Wir lagern die ein. Die meisten liegen dort schon seit Jahrzehnten und werden wahrscheinlich auch nie wieder gebraucht. Sehen Sie sich um, Herr Professor. Ich leihe Ihnen gerne etwas aus.

Der Professor öffnet die Tür und weist seinem Patienten den Weg.

Professor:

Ich werde mich in den nächsten Tagen bei Ihnen melden.

Der Professor schließt die Tür und geht wieder an seinen Schreibtisch. Nachdem er Platz genommen hat, macht er eine kurze Notiz in seinem Terminkalender.

Langsam ausblenden

So oder so ähnlich könnte sich die Szene abgespielt haben. Fakt ist jedenfalls, dass der Professor einige Tage später das Magazin des Landesamtes für Denkmalpflege besucht und dort die Bolivarbüste entdeckt. Er lässt sie sich in seinen Garten im Bürgerparkviertel bringen. Sie wirkt dort prächtig.

Wenige Jahre später erhält er einen Ruf an die Universitätsklinik Hamburg-Eppendorf. Wer kann da absagen? Der Professor zieht um und mit ihm die Bolivarbüste.

Nun also bittet das Rathaus den Professor um Rückgabe der Leihgabe, bedankt sich für die pflegliche Behandlung in der Zwischenzeit, äußert Verständnis dafür, dass es dem Herrn Professor sicherlich schwerfallen wird, sich von der Büste zu trennen, und weist ihn auf die geplante Aufstellung der Büste im Gobelinzimmer hin.

Der Professor ist in der Tat sehr betrübt und antwortet:

»Selbstverständlich werde ich bemüht sein, die Bolivar-Statue alsbald zurückbefördern zu lassen. Sie haben ganz recht, dass uns diese Notwendigkeit außerordentlich leidtut – meine Familie und ich sind in den vergangenen 13 Jahren so begeisterte Wahl-Bremer geworden, dass dies gewissermaßen unser letztes, sehr geliebtes Bindeglied geblieben ist.«

Erinnern Sie sich noch an die Vorkommnisse im Jahr 1960? Damals wanderte die Marmorbüste nebst Sockel in das Magazin des Landesamtes für Denkmalpflege. Und was war noch auf dem Sockel?

Richtig!

Der Name des Diktators Juan Vincente Gomez und das Hakenkreuz. Beides ist so sehr verwittert, dass sich die Senatskanzlei schweren Herzens entschließt, die Rückseite des Sockels vor der Aufstellung im Gobelinzimmer glatt schleifen zu lassen. Man konnte doch ohnehin auf dem Sockel kaum noch etwas so recht erkennen!

Falls Sie in das Gobelinzimmer kommen, streichen Sie einmal wissend mit der Hand über die Rückseite des Sockels.

Schön glatt die gemeinsame Geschichte Bremens und Venezuelas, nicht wahr?

Und hier noch ein kleines Nachspiel:

A u s z u g

Bremische Bürgerschaft (Stadtbürgerschaft)

Plenarprotokoll

...9...Sitzung vom ...07/06/88...

Die zehnte und damit letzte Anfrage in der Fragestunde befaßt sich mit der **Erhaltung des Simon-Bolivar-Denkmals.** Die Anfrage ist unterschrieben von den Abgeordneten Borttscheller, Metz und Fraktion der CDU.

Herr Abgeordneter Borttscheller, wollen Sie Ihre Anfrage bitte stellen!

Abg. **Borttscheller** (CDU): Wir fragen den Senat:

Ist dem Senat bekannt, daß sich das Denkmal für den größten lateinamerikanischen Freiheitskämpfer, Simon Bolivar, in der Marcusallee in einem völlig verkommenen Zustand befindet?

Ist eine Instandsetzung dieses 1960 der Stadt Bremen vom Staat Venezuela gestifteten Denkmals vorgesehen, und wann soll diese erfolgen?

Vizepräsident Frau Leinemann: Zur Beantwortung erhält das Wort Herr Senator Franke!

Senator für Bildung, Wissenschaft und Kunst Franke: Frau Präsident, meine Damen und Herren! Für den Senat folgende Antwort:

Im Einvernehmen mit dem Ibero-Amerika-Verein ist 1985 die 1960 gestiftete Bronze-Büste vom Sockel des Denkmals entfernt worden und von der Denkmalpflege eingelagert worden, weil trotz mehrfacher Erneuerungen die Metallbuchstaben der Inschrift ständig beschädigt oder gestohlen wurden. Da die ursprünglich zu dem Denkmal gehörende Marmorbüste 1983 einvernehmlich im Rathaus aufgestellt worden ist, beabsichtigt der Senat keine Wiedererrichtung des Denkmals an der Marcusallee.

Vizepräsident Frau Leinemann: Haben Sie den Wunsch, eine Zusatzfrage zu stellen? — Bitte, Herr Borttscheller!

Abg. **Borttscheller** (CDU): Herr Senator Franke, wird von Ihnen meine Auffassung geteilt, daß es unter diesen Umständen eigentlich keinen Platz mehr für dieses Denkmal geben sollte, der diesen Namen verdient, weil man gegenwärtig nicht einmal mehr die Beschriftung lesen kann und dieser Steinsockel eher als Hundeklo dient, denn als Erinnerungsmerkmal an den großen Freiheitskämpfer?

Vizepräsident Frau Leinemann: Bitte, Herr Senator Franke!

Senator Franke: Ich denke, daß man in der Tat ernsthaft erwägen sollte, ob man diesen Platz, der ursprünglich ein Denkmal gewesen ist, in einen anderen Zustand versetzt.

Vizepräsident Frau Leinemann: Schönen Dank, dann ist auch die letzte Anfrage erledigt.

Der Tagesordnungspunkt eins ist damit erledigt.

So sehr gut ist es dem »neuen« Denkmal also auch nicht ergangen. Heute ist an der Stelle nichts mehr von der Geschichte zu erahnen…

Geschichte zu einem früheren Briefkopf der Senatskanzlei

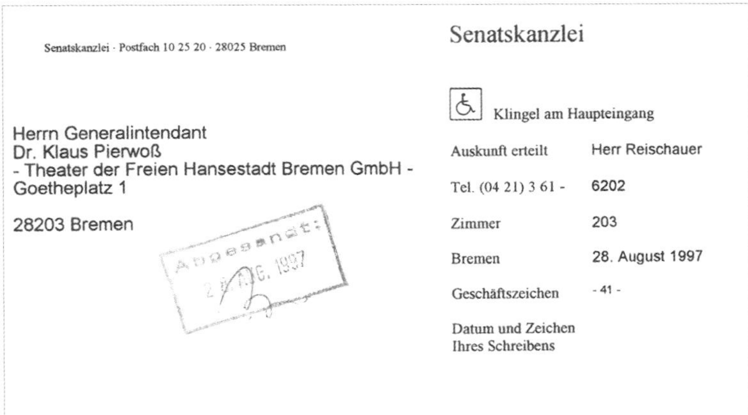

Senatskanzlei · Postfach 10 25 20 · 28025 Bremen

Senatskanzlei

Klingel am Haupteingang

Herrn Generalintendant
Dr. Klaus Pierwoß
- Theater der Freien Hansestadt Bremen GmbH -
Goetheplatz 1

28203 Bremen

Abgesandt: 2 . AUG. 1997

Auskunft erteilt	Herr Reischauer
Tel. (04 21) 3 61 -	6202
Zimmer	203
Bremen	28. August 1997
Geschäftszeichen	- 41 -
Datum und Zeichen Ihres Schreibens	

Die Ursache …

Wie jede ordentliche Firma hat auch die Senatskanzlei im Bremer Rathaus für ihren Schriftverkehr einen offiziellen Briefbogen.

Oben auf der linken Seite des Briefkopfes steht in ziemlich kleiner Schrift die Anschrift und der Name der Dienststelle. Daneben rechts ist in größerer Schrift »Senatskanzlei« zu lesen und darunter findet man das allgemein bekannte Symbol eines Rollstuhlfahrers mit dem Hinweis »Klingel am Haupteingang«.

Wie kam es zu dieser eigenwilligen Gestaltung des offiziellen Briefkopfes?

Das Bremer Rathaus sollte nach Meinung des Bürgermeisters ein »offenes Haus« und damit für alle Bürgerinnen und Bürger stets geöffnet und frei zugänglich sein. Leider fand diese großzügige Öffnung ihre Grenzen in der Gestaltung des Eingangsbereiches zum Neuen Rathaus.

Dieser Eingang wird nämlich für körperbehinderte Mitbürgerinnen und Mitbürger durch einige unüberwindliche Treppenstufen unmöglich. Die erste Idee der Rathausverwaltung, eine Rampe zur Auf- und Abfahrt zu bauen, wurde durch das Landesamt für Denkmalpflege barsch untersagt. Schließlich besteht für das Bremer Rathaus Denkmalschutz und der verbietet den Bau einer längeren Rampe zur Benutzung für Rollstühle.

Schließlich kam man auf die Idee mit der Klingel neben dem Eingang.

Der gehbehinderte Rathausbesucher braucht nun mit seinem Rollstuhl nur bis zum Haupteingang zu fahren, dort eine Klingel zu bedienen und schon wird er durch hilfsbereite Pförtner die Stufen hinauf in das nun auch für ihn offene Rathaus gezogen. Der Hinweis auf diesen Hilfsdienst befindet sich – wie oben beschrieben – im Briefkopf jedes offiziellen Schreibens der Senatskanzlei Bremen.

Ich gehe einmal davon aus, dass unsere deutschen Briefempfänger diese Information gerne zur Kenntnis nehmen. Ausländische Briefpartner haben jedoch mit der recht eigenwilligen Gestaltung ihre Schwierigkeiten.

Für sie ist der freundliche Hinweis für unsere körperbehinderten Rathausbesucher Bestandteil der offiziellen Anschrift.

Oder ist die nebenstehende Anschrift eines Schreibens aus Takaoka in Japan anders zu verstehen?

… und die Wirkung

Von der Ausstattung von Dienstfahrzeugen

Bürgermeister und Senatoren müssen protokollarisch in angemessener Weise auftreten, schließlich repräsentieren sie ein deutsches Bundesland – selbst wenn es das kleinste Bundesland ist. Zur Repräsentation gehört auch ein ordentlicher Dienstwagen. Irgendwann wurden der Protokollabteilung Anschaffung und Betrieb der Dienstwagen der Bürgermeister und Senatoren übertragen.

Als ich zum ersten Mal die entsprechenden Sachakten las, fiel mir auf, dass zwar alle Fahrzeuge die gleiche Grundausstattung hatten, aber einige Dienstfahrzeuge ganz offenbar erhebliche Sonderausstattungen besaßen. Wieso das so war, war mir zunächst unerklärlich. Der Grund wurde mir jedoch bald nachgeliefert.

Stellen Sie sich vor, Senator A. ist abends mit Gattin halb dienstlich, halb privat eingeladen. Ein guter Freund des Hauses ist der Gastgeber, aber auch zugleich für das vom Senator betreute Ressort eine wichtige Persönlichkeit. Der Senator bittet seinen Fahrer – nennen wir ihn einfach Wilhelm Schneider –, ihn und seine Frau zum Haus des Gastgebers zu fahren. Beim Aussteigen sagt er:

»Herr Schneider, Sie können meine Frau und mich um 23.30 Uhr hier abholen. Ich hoffe, Sie haben trotzdem einen schönen Abend!«

Der Fahrer fährt davon und steht pünktlich um 23.30 Uhr wieder vor dem Haus. Gegen 0.40 Uhr erscheint der Senator und steigt zusammen mit seiner Frau und einem schlechten Gewissen in das Auto ein. Ein echter sozialdemokratischer Senator lässt doch tatsächlich einen Untergebenen nachts in der Kälte warten – wenn das kein schlechtes Gewissen macht!

»Tut mir leid, Herr Schneider«, sagt er zu seinem Fahrer, »wir hatten noch ein wichtiges Thema zu Ende zu bringen. Daher ist es etwas später geworden.«

»Nicht so schlimm, Herr Senator«, antwortet der Fahrer, während er anfährt, »wenn ich wenigstens eine Sitzheizung hätte. Ohne die ist es ziemlich frisch. Die kann man«, fügt er listig hinzu, »übrigens nachrüsten lassen.«

Prompt schaltet sich die Gattin ein.

»Das wirst du ja wohl fertigbringen«, sagt sie spitzen Tons. Nun ist der Herr Senator sowohl politisch als Sozialdemokrat als auch privat als Ehemann gefordert.

»Ich werde mich darum kümmern!«, verspricht er knapp.

Am nächsten Tag ist Sitzung des Senats im Rathaus. Kurz vor dieser Sitzung stürmt Senator A. in mein Dienstzimmer, das dicht neben dem Sitzungssaal liegt. Ich stehe höflich auf.

»Was kann ich für Sie tun, Herr Senator?«

»Mein Dienstwagen braucht auf der Fahrerseite eine Sitzheizung. Lassen Sie die bitte nachrüsten!«

»Alle Dienstwagen haben die gleiche Grundausstattung, Herr Senator«, sage ich immer noch höflich, »leider gehört eine Sitzheizung nicht dazu.«

Der Senator wendet sich abrupt zum Gehen und erklärt bestimmt: »Das werden Sie ja wohl noch schaffen, Herr Protokollchef.«

Er öffnet die Tür und sagt im Hinausgehen. »Ich belästige doch Ihre Abteilung sonst nicht!«

So kommt zum Beispiel Senatsfahrer Wilhelm Schneider zu seiner Sonderausstattung.

»Die Klage Bremens« kommt ins Rathaus

In der ersten Etage des Neuen Rathauses in Bremen finden Sie die Bürgermeisterzimmer, das Büro des Chefs der Senatskanzlei sowie den Sitzungssaal der bremischen Landesregierung – den Senatssaal. Da die lange und breite Wandelhalle zwischen den Räumen mit schwarz-weißem Marmor ausgelegt ist, nennen die Mitarbeiterinnen und Mitarbeiter ihre Führungsetage respektvoll die »Marmoretage«.

Die Marmoretage atmet noch den Geist ihres Entstehungsjahres 1910: Es ist ein Geist, bedacht auf Harmonie und äußerste Gediegenheit.

Gestört wurde diese Harmonie allerdings lange Jahre durch eine in Öl gemalte Landkarte, die die Freie Hansestadt Bremen im Jahr 1942 darstellte. Sie hing an der langen Wand links vor dem Eingang zum Senatssaal und war von der damaligen Rathausführung in Auftrag gegeben und angebracht worden. Einige Gebäude und Schiffe auf der

Karte waren mit Flaggen geschmückt, die ursprünglich Hakenkreuze trugen und nach 1945 unbeholfen schwarz-rot-gold übermalt worden waren.

Hans Schepp, Referent in der Senatskanzlei, machte sich zum 17. Juni 1977 Gedanken darüber, wie man die Marmoretage umgestalten könne, um die Erinnerung an die zerschlagene Stadt Bremen im Jahr 1945 wachzuhalten. Er schrieb folgenden Vermerk an den Bürgermeister:

»Der gegenwärtige Stadtplan auf dem Flur der ersten Etage des Rathauses zeigt Bremen in den Grenzen, die ihm im Dritten Reich gegeben wurden, allerdings ohne die stadtbremischen Häfen in Bremerhaven. Es wird also nicht die historische »Freie« Hansestadt Bremen, sondern die kurzfristig »Unfreie« Hansestadt Bremen dargestellt, und dies noch unvollständig. Es sollte daher eigentlich nicht schwerfallen, sich von diesem Bild zu trennen.«

Sodann schlug er dem Bürgermeister vor, anstelle des Stadtplans eine große Fotomontage des zerstörten Bremer Westens oder ein die zerschlagene Stadt symbolisierendes Gemälde anzubringen.

Der Bürgermeister gab diese Idee an Hans Schepp und mich zurück. Wir sollten prüfen, was man machen könne. Ich rief den Direktor der Kunsthalle Bremen, Herrn Dr. Günther Busch, an, und er versprach, sich Gedanken zu machen. Anfang Oktober 1977 hatte er eine Idee. Er schlug mir vor, den Maler Franz Radziwill in Dangast anzurufen und mir dessen Bild »Die Klage Bremens« anzusehen.

Ich besuchte ihn wenig später, und er stellte mir sein Bild vor.

Gerne war er auch bereit, das Bild zur Vorstellung im Rathaus zur Verfügung zu stellen. Am 27. Oktober 1977 holte eine Spedition das Bild ab und stellte es in mein Dienstzimmer. Fast jeder, der mich in meinem Zimmer besuchte und das Bild sah, sprach über den Krieg.

An einem Sonntagabend verdeckten meine Frau und ich die Landkarte auf dem Flur vor dem Senatssaal mit braunem Packpapier und hängten das Radziwill-Bild davor.

Am nächsten Morgen war Senatssitzung, und ich stellte mich erwartungsvoll neben das Bild, um die Reaktionen der Senatoren und

Die »Klage Bremens«

Senatsdirektoren (heute, bedeutungsschwerer klingend, »Staatsräte« genannt) zu sehen. Ich wurde enttäuscht. Die meisten von ihnen nahmen die Veränderung überhaupt nicht wahr, andere sahen nur kurz auf das Bild und verschwanden dann schnell im Sitzungssaal. Am heftigsten reagierte der Kultursenator.

»Das Bild verschandelt die gesamte Harmonie dieses repräsentativen Flurs!«, schimpfte er. »Aus meinem Etat bekommt die Senatskanzlei jedenfalls keinen Pfennig für die Anschaffung«, fügte er noch vorsichtshalber laut hinzu und verschwand im Senatssaal.

Als Letzter erschien der Bürgermeister. Er blieb vor dem Bild stehen. Dann sah er mich. »Was haben Sie denn da wieder angestellt«, fragte er und betrachtete das Bild eingehend. »Das habe ich noch so gesehen«, stellte er fest. »Das Bild kommt dahin. Sehen Sie zu, dass Sie das irgendwie hinkriegen.«

»Es stört die Harmonie des Flurs«, wandte ich ein.

»Das ist bei Fliegerangriffen leider immer so«, antwortete er und schloss die Tür zum Senatssaal hinter sich.

Die Anschaffung des Bildes wurde mir nicht eben leicht gemacht. Franz Radziwill hatte sich entschlossen, über seine italienische Galerie jedes Jahr nur ein Bild zu verkaufen. »Mit dem Geld komme ich gut aus«, erklärte er. »Wenn ich mehr verkaufe, kassiert der Staat nur höhere Steuern von mir, und der Staat hat schließlich noch nie etwas für mich getan – weshalb soll ich den finanzieren?«

Er hatte in diesem Jahr schon ein Bild verkauft. Als ich ihm sagte, dass ich das Bild für den Flur im Rathaus vor dem Senatssaal erwerben wolle, war er gerührt. Er brachte seine Galerie dazu, auf die Verkaufscourtage zu verzichten, und machte ein gutes Kaufangebot. Franz Radziwill senkte bei einem Essen mit dem Bürgermeister im Dezember 1977 noch einmal den Kaufpreis, als ihm der Bürgermeister zusicherte, das Bild immer an der Wand vor dem Senatssaal zu belassen. »Es soll alle zukünftigen Rathausbesucher auf der repräsentativen Etage des Hauses an die Schrecken des Krieges erinnern!« Nun musste ich nur noch das nötige Geld beschaffen.

Der Kulturhaushalt kam nach den Äußerungen des zuständigen Senators nicht in Betracht. Auch der Haushalt der Senatskanzlei war unergiebig. Man brauchte jeden Pfennig für die Renovierung des Rathausdaches.

Auf einem Empfang traf ich Herrn Claus Ellermann. Er war Geschäftsführer der Vereinigung der Banken und Bankiers im Lande Bremen. Wir sprachen über das Projekt, und ich übermittelte ihm das positive Votum des Kunsthallendirektors:

Herr Ellermann fand das Projekt sehr interessant. Ich berichtete ihm, dass bisher nur Axel Reeh von der Bank für Gemeinwirtschaft einen kleineren Betrag zugesagt habe. Claus Ellermann fand das ziemlich vielversprechend.

»Mit einer Gewerkschaftsbank im Rücken könnte ich vielleicht sogar etwas machen!«

Im Juli hatte er den Kaufpreis zusammen. Es beteiligten sich elf Banken und Sparkassen.

Der Bürgermeister mit dem Künstler

Am 16. November 1978 übergab Franz Radziwill sein Bild an den Bürgermeister. Es hängt fortan – wie zwischen dem Regierungschef und dem Künstler vereinbart – an der Wand links vor dem Senatssaal auf der Marmoretage.

Die Sache mit dem Schrein

Im Mai 1979 rief mich die Direktorin des Focke-Museums, Frau Dr. Rosemarie Pohl-Weber, an und teilte mir mit, dass das Museum demnächst eine große Ausstellung eröffne. Die Ausstellung »Der Bremer Dom« solle die Baugeschichte des Doms schildern, die Ausgrabungen darstellen und seine Kunstschätze zeigen.

Ein zentrales Objekt sei der Reliquienschrein der Heiligen Cosmas und Damian. Dieser Schrein sei vom Bremer Bürgermeister und Dombauherrn Johann Hemeling um 1400 in Auftrag gegeben worden. Leider sei der Schrein – zusammen mit den Reliquien der heiligen

Sollte nicht fliegen: Der Cosmas- und Damian-Schrein in St. Michael, München

Ärzte – im Jahre 1648/49 an Kurfürst Maximilian von Bayern verkauft worden. Er befinde sich derzeit im Besitz der katholischen Jesuitenkirche St. Michael in München. Es sei ihr aber gelungen, den Schrein für die Ausstellung auszuleihen.

Der Bürgermeister habe ihr kürzlich gesagt, dass ich im Rathaus auch für die »Verbindung zur Bundeswehr und zur Nato« zuständig sei. Vielleicht könne der Schrein ja von München nach Bremen mit einer Maschine der Bundesluftwaffe transportiert werden. Das sei sicher und wahrscheinlich nicht so teuer. Ich versprach, mich um die Sache zu kümmern.

Es dauerte zwar einige Tage, aber dann erklärte mir ein Oberst der Bundesluftwaffe, dass man den Schrein gerne von München nach Bremen fliegen werde. Man könne sogar für den Rückflug eine Zusage machen. Allerdings bitte man, den Beitrag der Bundeswehr für die Ausstellung in irgendeiner Weise positiv darzustellen. Letzteres wurde natürlich sofort zugesagt, als der Oberst erwähnte, dass im Übrigen die Bundeswehr die Transportkosten gern übernehmen werde.

Fünf Tage später klingelte ein Luftwaffenoffizier am Seiteneingang der St. Michaelskirche. Ein Jesuitenpater öffnete. Der Offizier zog eine Kopie des Leihvertrages mit dem Focke-Museum aus seiner Aktentasche und wies auf die ihn begleitenden Soldaten.

»Meine Kameraden und ich sind hier, um den Cosmas- und Damian-Schrein abzuholen!«

Der Pater musterte ihn gründlich.

»Zeigen die Abzeichen auf ihren Schultern, dass Sie bei den Fliegern sind?«

»Richtig, Hochwürden. Wir sind alle bei der Luftwaffe!«

»Sie wollen also den Schrein mit einem Flugzeug transportieren?«

»Ja. Die Maschine steht bereit auf dem Flughafen München.«

Der Pater war sichtlich irritiert.

»Aber das geht nicht. Das ist doch viel zu gefährlich für unseren Schrein.«

Der Offizier lachte beruhigend.

»Hochwürden, wir sind die Flugbereitschaft der Bundesluftwaffe. Wir fliegen den Herrn Bundespräsidenten und auch den Herrn Bundeskanzler durch ganz Europa!«

»Das ist etwas ganz anderes«, antwortete der Pater, »der Bundespräsident und der Bundeskanzler sind doch zu ersetzen – unser Schrein aber nicht!«

Der Schrein wurde von einer Fachspedition auf dem Landweg nach Bremen und zurück gebracht. Die Bundeswehr wurde im Katalog dennoch lobend erwähnt.

Übrigens:

Cosmas und Damian sind die Schutzpatrone einer Vielzahl medizinischer Berufe (z.B. Bader, Ärzte, Ammen, Apotheker) sowie der Kranken, Friseure und Zuckerbäcker.

Ich schätze sie besonders wegen ihrer chirurgischen Fähigkeiten. Der Legende zufolge haben sie die erste Beintransplantation durchgeführt. Die Operation wird auf der Flügelinnenseite des Schreins dargestellt.

Wo ist der Haupteingang des Bremer Rathauses?

Alljährlich findet am 6. Januar, dem Dreikönigstag, die »Bremer Eiswette« statt. Gewettet wird, ob die Weser »steiht oder geiht« (steht oder geht). Wettpreis ist »brauner Kohl mit Zubehör«.

Heutzutage ist das ein siebenstündiges Festessen, zu dem auch jedes Mal ein Ehrengast eingeladen wird, der dann die Deutschland- und Bremen-Rede hält. Im Jahr 1988 war es der bayerische Ministerpräsident Dr. Franz Josef Strauß.

Ich holte ihn vom Flugplatz ab und brachte ihn zum Rathaus. Der Bürgermeister wollte den Besuch nutzen, um ein wichtiges Gespräch mit ihm zu führen.

Schon am Flughafen hatte mir der Beamte des Polizeileitfahrzeuges mitgeteilt, dass sich vor dem Eingang zum Neuen Rathaus zahlreiche Demonstranten versammelt hätten, um gegen Franz Josef Strauß zu protestieren. Verurteilt werden sollte seine scharfe Ablehnung der Abrüstungspolitik. Es war also nicht unbedingt empfehlenswert, den Eingang in das Rathaus vom Domshof aus zu benutzen. Mit dem Beamten verabredete ich, zum Liebfrauenkirchhof zu fahren, um dort durch den Eingang zur Unteren Halle in das Rathaus zu gehen. So geschah es.

In der Unteren Halle sagte Franz Josef Strauß zu mir: »Ich würde ja auch gerne einmal das Bremer Rathaus durch den Haupteingang betreten.«

»Wir sind soeben durch den Haupteingang des Rathauses gekommen, Herr Ministerpräsident«, antwortete ich. Dann brachte ich ihn zum Amtszimmer des Bürgermeisters.

Nach dem längeren Gespräch holte ich ihn wieder ab, um ihn zur »Glocke« zu bringen. Im großen Glockensaal fand das Festessen zur »Bremer Eiswette« statt.

»Wissen Sie, was man auf der Eiswette trinkt?«, erkundigte sich der Ministerpräsident.

»Man reicht dort einen Rotwein, meistens einen guten Bordeaux, und klaren Korn, der heißt sogar ›Eiswette‹«, erklärte ich.

FJS mit mir auf dem Domshof

»So eine Kombination kriegen auch nur die Bremer hin!«, meinte Franz Josef Strauß. »Ist das hier nicht der Haupteingang?«, fragte er dann, als wir durch das Neue Rathaus auf den Domshof traten.

»Das ist der Eingang zum Neuen Rathaus«, erklärte ich und stellte fest, dass sich der Großteil der Demonstranten vor den Eingang der »Glocke« an der Domsheide begeben hatte. Man hörte von dort laute Rufe.

Wir nahmen ohne größere Störungen den Weg über den Domshof durch die Sandstraße und sodann über einen kleinen Vorhof und traten von dort aus in die »Glocke« ein.

»Der Eingang zum Neuen Rathaus, Herr Ministerpräsident«, erklärte ich, »ist der Hintereingang des Bremer Rathauses.«

»Sie müssen wohl immer das letzte Wort haben«, sagte der bayerische Ministerpräsident Dr. Franz Josef Strauß und ließ sich von mir die Gastgeber der »Eiswette von 1829« vorstellen.

Geschenke

Das Thema Geschenke begleitet mich durch das ganze Leben. Ich weiß nämlich nie, was ich jemandem zum Geschenk machen soll, um ihm eine kleine Freude zu bereiten.

Das ging bei meiner Mutter los. Zu Beginn klappte es ja noch so einigermaßen. Ich schenkte ihr selbst gemalte Bilder, über die sie sich mächtig freute, wie sie immer sagte. Die Bilder wurden dann in eine Schublade gelegt, und sie tauchten zu Vergleichszwecken erst wieder auf, als meine eigenen Kinder ihrer Oma selbst gemalte Bilder schenkten.

Als die Bilder nicht mehr ausreichten, antwortete meine Mutter auf die Frage nach einem Geschenk stets: »Ich wünsche mir einen lieben Jungen mit einem guten Zeugnis!« Das mit dem »lieben Jungen« schaffte ich tatsächlich des Öfteren.

Ich will damit sagen, dass ich ein ziemlich unbegabter Schenker bin. Und nun sollte ich dem Bürgermeister Vorschläge für offizielle Geschenke bei Auslandsreisen machen. Die Geschenke sollten Bremen repräsentieren und durften natürlich nicht zu teuer sein. Einmal klappte das allerdings vorzüglich.

Ein Geschenk für Henry Kissinger

Im Rahmen eines offiziellen Besuches in den Vereinigten Staaten erhielten wir kurz vor der Abreise die Mitteilung, dass der Bürgermeister den Secretary of State, Henry Kissinger, im Außenministerium treffen werde. Kissinger habe sich, so der deutsche Botschafter in Washington, extra einen Teil des Sonnabendvormittags für das Gespräch frei gehalten.

Ich bekam den Auftrag, mir ein ganz besonderes Geschenk für den Besuch beim amerikanischen Außenminister auszudenken.

Fläschchen für »48 US-Dollar«

Zufällig traf ich auf dem Flur den Ratskellermeister, der für einige Familienmitglieder eine Rathausführung machte. Ich wusste, dass Kissinger Weinliebhaber ist, und fragte nach einem besonderen Wein. Der Ratskellermeister dachte einen kleinen Moment nach und lud mich ein, ihn am Nachmittag zu besuchen. Er werde mir dann ein interessantes Geschenk für den amerikanischen Außenminister mitgeben.

Als ich am Nachmittag in sein Büro kam, präsentierte er mir stolz eine kleine Flasche mit großem Etikett.

Es war eine 375-ml-Flasche 1727er Rüdesheimer Apostelwein aus dem berühmten Rose-Fass im Bremer Ratskeller.

Auf eine Bezahlung verzichtete der Ratskellermeister. Er bat jedoch um Erlaubnis, das Geschenk des Kellers an den Herrn Außenminister pressemäßig verwenden zu dürfen. Ich war einverstanden, bat jedoch um Weitergabe der Information erst nach der Überreichung des Präsents an Henry Kissinger.

Der Entrance C des State Departments war verwaist – es war ja Sonnabend. Einige gelangweilte Sicherheitsbeamte sahen dem Eintreffen der Delegation entgegen. Die Delegation war sehr klein. Sie bestand aus dem Bürgermeister, dem deutschen Botschafter, einem Dolmetscher und mir. Eine freundliche Dame führte uns in die Belle Etage des Außenministeriums.

Henry Kissinger begrüßte uns freundlich. Er hatte seinen gesamten »German desk« zu dem Gespräch geladen. Die Auslandsabteilung Deutschland bestand aus Beamten, die auf den verschiedenen Arbeitsgebieten mit den Beziehungen zwischen Deutschland und den USA zu tun hatten. Einige Beamte kannte ich. Sie waren Generalkonsuln oder Konsuln in Bremen und Hamburg gewesen. Auch John Kornblum, der spätere amerikanische Botschafter in Berlin, war anwesend.

Das Gespräch war lang und sehr interessant. Henry Kissinger sprach die ganze Zeit über Deutsch. Zum Schluss bedankte sich der Bürgermeister und überreichte die Weinflasche. Kissinger nahm sie freundlich entgegen und entdeckte dann das Etikett mit dem Jahr 1727. Stolz gab er die Flasche im Kreis seiner Mitarbeiter herum. Man plauderte fröhlich. Der Bürgermeister stellte fest, dass im Jahr 1727 König Georg I. und Katharina die Große gestorben seien. Kissinger erklärte, insbesondere Letzteres habe Friedrich dem Großen sehr geholfen. Als die Flasche wieder bei Kissinger ankam, stellte er sie seitlich neben sich auf den Schreibtisch.

Ich hatte dem Bürgermeister vor dem Besuch gesagt, dass amerikanische Politiker Gastgeschenke nur bis zu einem Wert von fünfzig US-Dollar privat behalten dürften. Als man sich zum Abschied die Hände reichte, sagte der Bürgermeister freundlich:

»Herr Außenminister, der Wein ist so alt, dass er als Getränk nicht mehr verkauft werden kann. Wir gehen davon aus, dass das Fläschchen ungefähr achtundvierzig US-Dollar kostet.«

Und plötzlich legte der Secretary of State, Henry Kissinger, die gravitätische Ruhe eines Staatsmannes ab und machte eine eher hastige Bewegung: Sehr schnell ließ er die kleine Flasche in einer Schublade seines Schreibtischs verschwinden.

Die Weincontainer

Ein für mich »schweres« Geschenk dachte sich der Bürgermeister für seine erste Südostasien-Reise aus. Es sollte – zusammen mit Herren der Bremer Lagerhausgesellschaft – eine Reklametour für die bremischen Häfen werden. Und da für den Containerterminal Bremen-Bremerhaven geworben werden sollte, ließ der Bürgermeister silberfarbene Metallcontainer herstellen, die mit dem Hafenlogo versehen waren. In jedem Container befanden sich drei gute Flaschen Wein aus dem Bremer Ratskeller.

Vor dieser Reise hatten wir die etwa dreißig Container an die deutschen Botschaften in Thailand, Malaysia, Indonesien und die Generalkonsulate in Hongkong und Singapur verschickt.

Manche Botschaftsmitarbeiter berichteten mir hinterher, dass sie ungeheure Schwierigkeiten mit der Einfuhr unserer Kleincontainer hatten, insbesondere wegen des alkoholischen Inhalts. In einem Fall musste ein Container sogar zu genaueren Prüfzwecken einem hohen Zollbeamten mit nach Hause gegeben werden. Er verblieb dort.

In jedem Land wurden die Kisten zunächst in mein Hotelzimmer geschafft, und ich musste sie nun zu politischen Gesprächsterminen mit wichtigen Ministern oder für die Gastgeber bei offiziellen Essen mitschleppen. Bei über 90 Prozent Luftfeuchtigkeit und 40 Grad Hitze kein reines Vergnügen.

Später gewöhnte sich der Bürgermeister daran, dass auch eine kleine Silbermünze mit Bremer Rathaus und Bremer Stadtwappen ein geeignetes Gastgeschenk sein kann. Man hat es immer zur Hand, weil der Protokollchef das Geschenk bequem in der Jackentasche oder im Aktenkoffer transportieren kann. Außerdem ist es so auch möglich, in unvorhergesehenen Fällen eine Münze aus der Tasche zu zaubern.

Manche Gastgeber finden eine kleine Münze aus reinem Silber auch besser verwendbar als einen sperrigen silberfarbenen Kleincontainer.

Das Batak-Haus

Mitunter machen auch die Gastgeber Geschenke. Diese Geschenke können dann allerdings auch mit erheblichen Problemen für den Protokollchef verbunden sein. Ich denke da an ein Beispiel aus Indonesien.

Der Bürgermeister war gebeten worden, mit einigen Tabakkaufleuten nach Indonesien zu fahren. Es bestand die Gefahr, dass die indonesische Regierung die Tabakbörse von Bremen nach Holland zurückverlegen könnte. Um das zu verhindern, waren – nach Meinung der Kaufleute – Gespräche auf hoher politischer Ebene notwendig. Der Zeitpunkt der Reise war gut gewählt. Da der Bürgermeister zur Zeit seines Besuches zugleich Präsident des Deutschen Bundesrates war, rangierte er protokollarisch direkt hinter dem Bundespräsidenten. Die indonesischen Gesprächspartner waren also zwangsläufig alle hochrangig.

Indonesien hatte nach der Unabhängigkeitserklärung im Jahr 1945 die gesamte Vermarktung seiner Tabake von der früheren Kolonialmacht Niederlande abgezogen und später die Geschäfte von Amsterdam nach Bremen verlegt. Im Hafen in Bremen war für die Tabakbörse ein eigenes Gebäude errichtet worden, und die Verlagerung der Tabakgeschäfte brachte nicht nur den bremischen Tabakkaufleuten erhebliche Vorteile, auch die bremische Staatskasse nahm gutes Geld ein. Der gesamte indonesische Tabak mit hochwertigen Deckblättern für teure Zigarren wurde über Bremen importiert und versteigert. Bremen wurde der größte Tabakumschlagshafen Europas. Bremen importierte nicht nur den Tabak, Tabak wurde auch durch die Martin Brinkmann AG zu Zigarren und Zigaretten verarbeitet. »Peer Export«, »Lux Filter« und »Lord Extra« waren große Zigarettenmarken. Erinnern Sie sich noch an die Marke »Texas« der Firma Brinkmann? Die Firma sponserte den SV Werder Bremen. Man nannte die erste Mannschaft darum damals »Texas Elf«.

Wenn also Tabakversteigerungen stattfanden, kamen die Händler vorwiegend aus den Niederlanden, und in den teuren Hotels Bremens wurden die Zimmer knapp.

Aber ich wollte etwas über ein Geschenk erzählen.

In intensiven Gesprächen in Ministerien in Jakarta wurde die Zusicherung erreicht, dass sich nichts an der guten Zusammenarbeit zwischen den Tabaklieferanten aus Indonesien und dem Umschlag im Hafen Bremens ändern werde. Dann ging die Reise weiter ins

»Reischauer, packen Sie das mal ein«, Geschenk für den Bürgermeister 1971

Landesinnere. Die Indonesier wollten ihre Tabakplantagen vorstellen. Sie machten das ausgiebig.

Ebenso ausgiebig wurde gegessen und gefeiert. Immer wieder wurden die guten Beziehungen zwischen beiden Ländern hervorgehoben.

Am Ende der vielen Veranstaltungen wurden wir in ein großes Haus der Tabakplantage geführt, und der Leiter der indonesischen Tabakhandelsorganisation überreichte dem Bürgermeister zur Erinnerung an den Besuch das Modell eines Batak-Hauses, eines Hauses der Ureinwohner Nordsumatras.

Kommentar des Bürgermeisters:

»Reischauer, packen Sie das mal ein. Das können wir schön in Bremen zeigen!«

Mithilfe einer freundlichen Bremer Firma wurde das Haus schonend nach Bremen transportiert und gehört heute zur Sammlung des Bremer Überseemuseums.

Ein Geschenk zum Bicentennial

Aus Anlass der 200-Jahr-Feier der USA bekam jedes deutsche Bundesland als Partner für das Jahr 1976 einen amerikanischen Staat zugewiesen. Wer die Auswahl getroffen hat und aus welchem Grund Bremen ausgerechnet den Staat Louisiana als Partner bekam, weiß ich bis heute nicht. Sicher ist nur, dass einst sehr viele Deutsche nach Louisiana ausgewandert waren.

Von links nach rechts: Bürgermeister Hans Koschnick, Representative Ralph Miller, die Auswanderer-Plastik und Herr Generalkonsul Irving Schiffman (Bremen)

Ein Bezirk des US-Staates Louisiana ist St. Charles Parish. Diese Gegend war das Zentrum der deutschen Einwanderer, und ein Teil des Parish heißt »Des Allemands«, zu Deutsch, »Von den Deutschen«. Als Geschenk für den Staat sollte von Bremen aus eine Bronzeplastik geschickt werden, die Professor Waldemar Otto entworfen und gefertigt hatte. Er hat sie »Der Übergang« genannt.

Sie zeigt einen Auswanderer, der beim tastenden Übertritt in die neue Welt in der alten Welt eine Lücke hinterlässt.

Am 27. Januar 1976 übergab der Bürgermeister die Auswanderer-Plastik im Bremer Rathaus an Ralph Miller, State Representative aus dem St. Charles Parish.

Bei seinem offiziellen Besuch der 200-Jahr-Feier der USA wollte der Bürgermeister das Geschenk am 24. Mai 1976 dem Gouverneur von Louisiana in Baton Rouge übergeben.

Leider war die Plastik, als der Bürgermeister und der Gouverneur sich in Baton Rouge/Louisiana trafen, noch auf einem Schiff auf dem Weg nach New Orleans.

Der Gouverneur hatte aber bereits vor einiger Zeit vorgeschlagen, das Geschenk an St. Charles Parish zu geben und dort vor einem neu errichteten County House aufzustellen. Da aber das County House noch nicht fertig war, hatte die Sache keine Eile.

Die offizielle Übergabe fand ein Jahr später statt. Für den Senat übergab die Plastik der Senator für Justiz und Verfassung, Wolfgang Kahrs. Da sich im neuen County House auch ein kleines Gefängnis für St. Charles Parish befindet, war der für die Rechtspflege und den Strafvollzug in Bremen zuständige Senator auch keine schlechte Wahl.

Ich finde, die Plastik stellt die Situation der Auswanderung sehr eindrucksvoll dar. Mich wundert nur, dass das sonst sehr gut gestaltete neue Auswanderermuseum in Bremerhaven die Plastik von Waldemar Otto noch nicht für sich entdeckt hat – sie könnte zum Symbol für das Haus werden.

Aber was nicht ist, kann ja noch werden.

Speisekarten

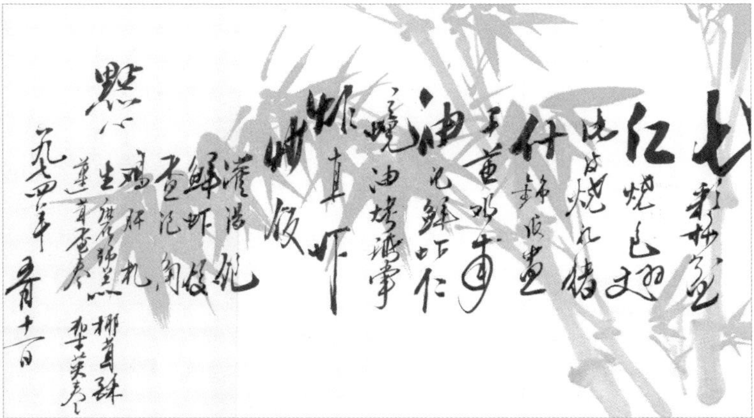

So sieht die handgeschriebene Speisekarte für ein offizielles Essen in China aus. Die Speisefolge ist von rechts nach links zu lesen. Senkrecht hintereinander werden die sechzehn Gänge vorgestellt

Glauben Sie ja nicht, dass es einfach ist, für den Besuch von Staatsgästen geeignete Speisefolgen zu erstellen. Wenn die Gäste nur Bremen besuchen, geht das ja noch.

Reisen die Gäste jedoch durch mehrere Bundesländer und besuchen auch noch offiziell die Bundesregierung, muss man sich erkundigen, was bisher zum Mittag- und Abendessen gereicht wurde. Schließlich sollte den Staatsgästen nicht dreimal hintereinander Steak gereicht werden – schon gar nicht, wenn es sich um Vegetarier handelt.

Besonders höflich ist es, die Speisekarte in die jeweilige Landessprache zu übersetzen. Sonst geht es Ihnen wie mir. Sie sitzen da mit der oben abgebildeten Speisekarte und haben keine Ahnung, was es nun zu essen gibt.

Dabei liebe ich die chinesische Küche. Allerdings sollte man bei einem Besuch in China auch etwas über chinesische Tischsitten wissen. Ich wusste zunächst nichts. So kam es, dass ich bei dem ersten offiziellen Essen in China ziemlich erstaunt darüber war, dass mich der rechts neben mir sitzende Herr ständig bediente. Er hatte dazu – neben seinen eigenen Stäbchen – zwei extra lange Stäbchen, mit denen er ständig Köstlichkeiten aus den Schalen fischte, die auf einer drehbaren Platte in der Mitte des Tisches standen, und sie auf meinen Teller legte.

Meine Mutter hatte mir geduldig beigebracht, dass man immer seinen Teller leer essen müsse. Sollte man das nicht tun, sei man für die schlechte Wetterlage am nächsten Tag verantwortlich.

Was meine Mutter nicht wusste: In China ist das anders. Dort lässt man immer einen kleinen Rest auf dem Teller, um den nächsten Gang serviert zu bekommen. Ein wohlwollender Dolmetscher klärte mich über diese Sitte auf, bevor ich schon beim ersten Gang das Essen wegen Überfüllung des Magens aufgeben musste. Die übrigen 15 Gänge genoss ich dann mit kleinen Häppchen ganz bescheiden.

Ich sagte bereits, dass mein Tischnachbar mir immer die Delikatessen aus den Schüsseln fischte. Einmal wurde das für mich zu einem leichten Problem. Ich hatte mich angeregt mit meinem Nachbarn zur linken Seite unterhalten und blickte dann auf meinen Teller. Zwei Augen sahen mich an. Mein Nachbar zur Rechten war ungeheuer stolz. Es war ihm doch tatsächlich gelungen, für mich die Augen des eben servierten Fisches zu sichern. Eine Delikatesse! Es kostete mich ein wenig Überwindung, diese Delikatesse zu essen.

Im Hafen von Dalian wurde uns Kugelfisch serviert. Macht der Koch bei der Zubereitung einen Fehler, endet das Essen tödlich. Der Tod durch Lähmung der Atmung, das wusste ich aus dem Kino, tritt schnell ein. Es war das erste Mal, dass ich vorsichtshalber lange wartete, bis ich zu essen begann. Die anderen Herren der Delegation und unsere Gastgeber hatten schon die Hälfte des Fisches verzehrt und waren ganz offensichtlich wohlauf, bevor ich anfing zu essen. Der Fisch schmeckte übrigens recht lecker, aber nicht gut genug, um seinetwegen das eigene Leben zu riskieren.

Namensprobleme

Manchmal ergeben sich bei übersetzten Speisekarten jedoch auch Probleme.

Bürgermeister Hans Koschnick wurde eines Tages zu einem Essen mit dem Bundespräsidenten aus Anlass des Besuchs eines hohen polnischen Politikers und seiner Delegation in Bonn eingeladen. Da er gerade Präsident des Bundesrates war, wurde er entsprechend hoch am Haupttisch platziert.

Die Mitarbeiter des Bonner Protokolls lasen auf seiner Tischkarte den Namen »Koschnick« und legten ihm prompt eine Speisekarte in polnischer Sprache auf den Platz. Daneben fand der Bürgermeister auch noch den Text der Begrüßungsrede des Bundespräsidenten in polnischer Sprache.

Denken Sie bitte nicht, dass Bürgermeister Koschnick über diesen kleinen Missgriff empört gewesen sei. Er selbst hat des Öfteren in der Öffentlichkeit erklärt, der Name Koschnick deute auf polnische Vorfahren hin.

»Koschnick«, so Koschnick, »heißt Besenbinder, und Besenbinder sind arbeitsscheu und trinkfest. Der Name passt also gut zu mir!«

Die Versuchung

Eine lange Sitzung in Paris war vorbei. Der Bürgermeister wollte zum Abendessen unbedingt in die Hallen. »Les Halles« wurden »der Bauch von Paris« genannt. Es war der tägliche Großmarkt, der ganz Paris versorgte und besonders bekannt war für seine ausgefallenen Restaurants. Der Film »Irma la Douce« von Billy Wilder spielt dort.

Wir fanden ein originelles Restaurant und nahmen nebeneinander auf einer langen, mit rotem Leder bezogenen Bank Platz. Wir, das waren der Bürgermeister, Karin Jöns, die damals das Büro II des Bevollmächtigten für kulturelle Angelegenheiten im Rahmen des

Vertrages über die deutsch-französische Zusammenarbeit leitete (der Bürgermeister war der Bevollmächtigte), und ich.

Wir sahen in die Speisekarte.

»Ich würde gerne ein französisches Pfeffersteak essen. Das wird hier sicher sehr gut sein«, sagte ich.

»Ich schließe mich an.« Karin Jöns fand die Idee gut.

»Das sind wieder diese typischen bürgerlichen Deutschen im Ausland. Da sind sie einmal in einem typischen französischem Restaurant an einem weltbekannten Ort, und dann bestellen sie das, was ihnen auch jeder Koch in Bremen zubereiten kann!«, sagte der Bürgermeister und studierte intensiv die Speisekarte. Er reichte sie an Karin Jöns weiter.

»Was heißt das?«

»Spezialität des Hauses. Ich würde es übersetzen mit: Die Versuchung des Heiligen Antonius.« Karin Jöns war sich nicht so ganz sicher, was das denn wohl sein könnte.

»Soll ich fragen, was das ist?«

»Spezialität des Hauses reicht mir«, erklärte der Bürgermeister.

Wir bestellten die Pfeffersteaks, die Versuchung des Heiligen Antonius und eine Flasche Tischwein. Der Tischwein kam sofort.

Nach einiger Zeit tauchten zwei Kellner mit Tellern auf, die mit einer silbernen Haube bedeckt waren. Sie setzten die Teller vor uns ab und hoben gleichzeitig die Silberhauben hoch. Unsere Pfeffersteaks sahen fabelhaft aus.

Dann kam die »Versuchung des Heiligen Antonius«. Auf dem Teller des Bürgermeisters lagen vier Schweinepfötchen, ein kleiner Schweinskopf und ein Ringelschwänzchen. Alles gebraten.

»Bon appétit«, wünschten die beiden typischen bürgerlichen Deutschen mit den französischen Pfeffersteaks und hoben ihre Weingläser.

Black Dog

In Djokjakarta/Indonesien wurde die Delegation aus Bremen vom Gouverneur der Insel zum Mittagessen eingeladen. Es war eine ziemlich große Delegation, die der Bürgermeister mitbrachte. Neben Kaufleuten und Hafenvertretern waren auch Journalisten und Fotografen dabei.

Das Essen fand in einem der wenigen Steinhäuser statt, das von einer amerikanischen Reifenfirma gebaut und genutzt wurde, die in der Nähe auf ihrer Plantage Gummi aus Bäumen zapfte und verarbeitete. Sie hatte es dem Gouverneur zur Verfügung gestellt.

Die Höflichkeitsansprachen des Gouverneurs und des Bürgermeisters waren gehalten, alle Teilnehmer hatten ihr Glas erhoben und prosteten den Gastgebern und dem Hauptgast stehend zu, die beide sitzen geblieben waren.

Plötzlich hörte man ein merkwürdiges Grollen, das langsam immer heftiger wurde. Der Boden bewegte sich auf sonderbare Weise. Die Kellner und andere Bedienstete liefen hastig zu den Fenstern, die bis zur Erde reichten, rissen sie auf und sprangen nach draußen. Sie riefen und schrien in unsere Richtung – offensichtlich sollten wir ihnen folgen. Auch wir sprangen aus den Fenstern nach draußen.

Das Erdbeben hörte langsam auf, und in dem Haus sah ich den Bürgermeister und den Gouverneur, die – ohne sich groß zu bewegen – auf ihren Plätzen sitzen geblieben waren und sich zuprosteten, während wir zögernd durch die Fenster wieder in den Raum zurückstiegen.

Später stellte sich heraus, dass der Bürgermeister das Erdbeben überhaupt nicht registriert hatte. Erdbeben kommen in Bremen eben höchst selten vor. Der Gouverneur kannte das Naturereignis selbstverständlich. Er war aber nur deshalb sitzen geblieben, weil auch sein Hauptgast so mutig sitzen geblieben war.

Der deutsche Generalkonsul, der als einer der Ersten geflüchtet, aber auch als einer der Ersten wieder an die Tafel zurückgekehrt war, erklärte mir später, dass ein Erdbeben gerade in einem Steinhaus besonders gefährlich gewesen sei.

»Die bauen und leben hier nicht ohne Grund nur in Holzhäusern!«

Das Essen ging weiter mit einem ganz delikaten Stück Fleisch. Ich versuchte höflich mit meinem indonesischen Tischnachbarn Kontakt aufzunehmen und erkundigte mich, worum es sich bei dem gerade gereichten Fleisch handele. Mein Nachbar konnte nur ganz wenig Englisch, sah mich freundlich lächelnd an und sagte:

»Black Dog!«

Dann widmeten wir uns der Suppe und gaben die gegenseitige Kontaktaufnahme wegen der offensichtlichen Sprachschwierigkeiten auf.

Sehr spät am Abend brach die Delegation auf. Wir gingen um das Haus herum zu dem Bus, der auf einem Urwaldweg stand.

Mein Tischnachbar zupfte mich am Ärmel, wies auf einen Zwinger hinter dem Haus, zeigte dann auf einige Hunde, die in dem Zwinger hin und her liefen, und sagte:

»Black Dog!«

Wie man eine Speisekarte in die französische Sprache übersetzt

Der Bevollmächtigte für kulturelle Angelegenheiten im Rahmen des Vertrages über die deutsch-französische Zusammenarbeit hatte den französischen Erziehungsminister nach Bremen eingeladen. Man besichtigte gemeinsam die Berufsschule am Holter Feld und sodann die Lehrlingswerkstatt von Daimler-Benz. Schließlich ging die offizielle Delegation zum Mittagessen in die Berufsschule am Rübekamp, in der Köche und Kellner sowie Hotelfachleute ausgebildet wurden. Die Schule hatte eine eigene Küche, ein Restaurant, eine Bäckerei und eine Fleischerei.

Am 10. Januar 1984 waren die Tische im Restaurant festlich eingedeckt mit silbernen Leuchtern, dem Silberbesteck und den Servietten aus dem Rathaus. Allerdings gab es die Speisekarte nur in deutscher Sprache. Mühsam übersetzte man die aufgeführten Gerichte ins Französische. Nur mit der Nachspeise hatte man Probleme. Es gab nämlich »Bremer Rote Grütze«.

Selbst unsere tüchtige Dolmetscherin suchte nach den passenden französischen Worten. Wir diskutierten die Zubereitung und Zusammensetzung des Gerichtes und nannten all dies unseren Gästen, die immer noch leicht irritiert in die Speisekarte blickten.

Landesschulrat Hans-Georg Mews bei rührender Beschäftigung. Ihm über die Schulter guckt die spätere Abgeordnete des Europaparlaments, Karin Jöns

Schließlich wagte der ebenfalls anwesende Landesschulrat eine Übersetzung. Er sagte laut:

»Esprit rouge brêmois.«

Übrigens:

Auch die Protokollabteilung des Senats der Freien und Hansestadt Hamburg hatte ihre Probleme mit der Übersetzung einer Speisekarte in die französische Sprache.

Senator Hans-Joachim Seeler berichtet von einer Speisekarte, die aus Anlass des Besuchs des französischen Staatspräsidenten Valéry Giscard d'Estaing im Hotel »Vier Jahreszeiten« in Hamburg auf den Tischen lag. Es gab dort »Jambon à la Holstein« – Holsteiner Schinken und als Nachtisch »Fraises des quatre pays« zu Deutsch: Vierländer Erdbeeren.

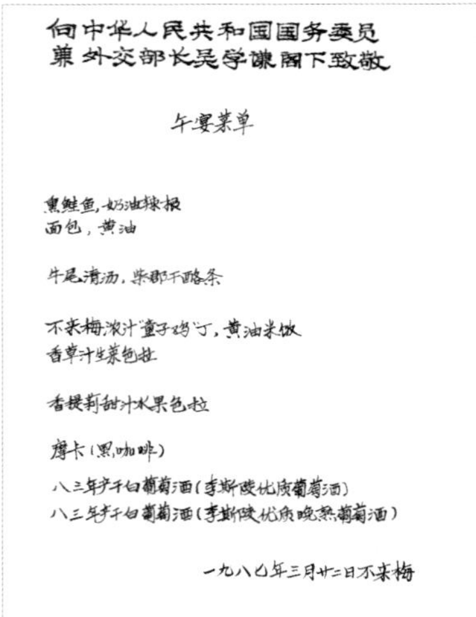

向中华人民共和国国务委员
兼外交部长吴学谦阁下致敬

午宴菜单

熏鲑鱼，奶油辣根
面包，黄油

牛尾清汤，柴郡干酪条

不来梅浓汁童子鸡丁，黄油米饭
香草汁生菜色拉

香提莉甜汁水果色拉

摩卡（黑咖啡）

八三年产干白葡萄酒（李斯陵优质葡萄酒）
八三年产干白葡萄酒（李斯陵优质晚熟葡萄酒）

一九八七年三月廿二日不来梅

Senatsspeisekarte zum Kükenragout auf chinesisch

Eine besondere Speisekarte

Der Staatsrat und Außenminister der Volksrepublik China, Wu Xuequin, besuchte am Ende seiner Deutschlandreise im März 1987 auch Bremen.

Was bietet man einem hohen chinesischen Minister zum Mittagessen an, der schon mehrere Tage bei offiziellen Essen die deutsche Küche genossen hat? Für chinesische Mägen kann die deutsche Küche nämlich auf Dauer zum Problem werden.

Da fiel mir ein, dass unser Koch ein Spezialist für die Zubereitung des »Bremer Kükenragouts« war. Im Gegensatz zu anderen Köchen reichte er nämlich auf einer großen Platte alle Zutaten zum Kükenragout getrennt voneinander. Jeder Gast konnte nach Belieben zum Reis Kükenfleisch, Kalbszunge, Champignons, Spargel, Möhren, Sellerie, Zwiebel, Porree, kleine Würstchen und Kalbsbries oder Midder auf dem Teller mischen und dabei auch die eine oder andere Zutat weglassen. Insgesamt war das wie ein chinesisches Essen und zudem sehr bremisch.

Unser Dolmetscher, mit dem ich das Projekt vorsichtshalber vorher besprach, war begeistert. Er schlug vor, das Menu in einer in chinesischer Sprache geschriebenen Speisekarte vorzustellen. So entstand die erste offizielle Menu-Karte des Bremer Senats in chinesischer Schrift.

Empfänge

Fixpunkte auf Auslandsreisen sind die Empfänge. Da kann sich eine Delegation ihren Gästen gut vorstellen, und in den Reden kann Bremen Reklamebotschaften versenden. Man tut das dann auch eifrig.

Ich habe viele Empfänge im Ausland für bremische Delegationen organisiert. Einige sind mir besonders in Erinnerung geblieben.

Bremen-Empfang im One World Trade Center New York

Wir alle erinnern uns an die schrecklichen Bilder, als am 11. September 2001 zwei Flugzeuge in die beiden Türme des One-World-Trade-Center New York hineinrasten.

Wir sahen, wie wenig später die beiden Gebäudetürme langsam in sich zusammensackten und Tausende von Menschen unter sich begruben.

Für mich hatte dieses Gebäude einen hohen Erinnerungswert.

Wie gesagt, im Jahr 1976 feierten die Amerikaner das 200-jährige Bestehen ihres Staates (Bicentennial). Bremen wollte aus diesem Anlass mit einer großen Delegation den USA seine Reverenz erweisen – schließlich sind die Vereinigten Staaten nicht nur ein wichtiger Handelspartner, sondern Millionen von Menschen sind über die bremischen Häfen in die USA ausgewandert. Einige bezeichnen Bremen und Bremerhaven als »Vorstädte New Yorks«.

Als ich im Jahr 1975 eine Einladung der amerikanischen Regierung zum Besuch der Vereinigten Staaten erhielt, nutzte ich diese Exkursion, um die Reise der bremischen Delegation im nächsten Jahr vorzubereiten.

Die erste Station war New York. Dort residierte Thomas Ewig mit seiner Firma Carl F. Ewig, Inc. als amerikanischer Repräsentant für die bremischen Häfen. Er war gerade mit seinem Büro in Suite 2829 in die 28. Etage des World Trade Centers gezogen.

Wir besprachen das umfangreiche Programm für die große Delegation, die – unter der Leitung des Präsidenten des Senats – aus Vertretern der bremischen Häfen, der Handelskammer, aus Wirtschaft und Industrie und zahlreichen Pressevertretern bestand.

Die Mitglieder der Delegation wollten die amerikanischen Geschäftspartner, Freunde und mögliche zukünftige Kunden zu einem großen Bicentennial-Empfang einladen.

Thomas Ewig fuhr mit mir in die 106. und die 107. Etage des Nordturms, die zum Teil noch im Bau waren und in denen die Einrichtung des höchsten Restaurants von New York geplant war.

Das Restaurant in der 107. Etage sollte »Windows-on-the-World« heißen, die Räume in der 106. Etage hießen »The Club at the World Trade Center«. Sie sollten später für Gesellschaften vermietet werden.

The President of the Senate of the

Free Hanseatic City of Bremen, Germany,

Mayor Hans Koschnick,
and the

Senator for Ports, Shipping & Transportation,

Senator Oswald Brinkmann,

request the honor of your presence on the occasion of a reception given by them [in commemoration of the Bicentennial USA]
on May 20, 1976 between 5 and 7 PM

at "The Club" on top of the World Trade Center, (Blg.No.1),
New York, N.Y.

Rsvp
Tel.(212) 432-0180

Mein Entwurf der Einladungskarte, die in 300 Exemplaren verschickt wurde

Es gab schon einen Geschäftsführer. Mit ihm vereinbarten wir den Bremen-Empfang im »The Club«. Der Empfang sollte drei Wochen nach der Eröffnung stattfinden. Thomas Ewig bestand auf einer Klausel im Vertrag, nach der bei Nichterfüllung der Vereinbarung eine Vertragsstrafe fällig wurde. Obwohl die Summe ziemlich saftig war, wurde sie vom Geschäftsführer achselzuckend unterschrieben.

Einen Monat vor Abfahrt der Delegation erhielt ich einen Brief vom »The Club at the World Trade Center«, in dem mir mitgeteilt wurde, dass durch Bauverzögerungen der Club zwar am Tag des geplanten Bremen-Empfanges fertiggestellt sei, er aber eigentlich erst am darauf folgenden Wochenende offiziell eröffnet werden solle. Man bat, den Termin für den Empfang um eine Woche zu verschieben.

Als ich höchst alarmiert Tom Ewig anrief, konnte er sich vor Begeisterung kaum beruhigen.

»Eine bessere Reklame kann ich mir überhaupt nicht vorstellen«, jubelte er ins Telefon.

»Die Bremer machen einen Empfang im höchstgelegenen Club von New York, eine Woche bevor der Club überhaupt von New Yorks Bürgermeister eröffnet wird. Und das im neuen Wahrzeichen der Stadt. Sensationell! Ich gehe sofort rauf zum Geschäftsführer und bestehe auf dem Termin.«

Er schaffte es.

Der Empfang begann pünktlich. Der Bürgermeister und der Chef der Bremer Lagerhaus-Gesellschaft begrüßten die Gäste und besichtigten anschließend mit ihnen eine kleine Ausstellung mit Fotos und Texten über die bremischen Häfen.

Das kalte Buffet war großartig, der Blick von oben auf New York, den Hudson-River, die Freiheitsstatue und Ellis Island gigantisch. Die Gäste waren begeistert und die Räume brechend voll.

Nach etwas über einer Stunde kam der stets gut gelaunte Chef für Öffentlichkeitsarbeit der Bremer Lagerhaus-Gesellschaft, Hajo Weil, zu mir und teilte mit, dass man zwar etwas über dreihundert Einladungen verschickt habe, aber bereits ungefähr vierhundert Gäste auf dem Empfang gewesen seien. Und immer noch setzten die Aufzüge neue Gäste am Eingang ab. Sie warfen ihre Visitenkarten wie üblich in einen Korb, der ihnen am Aufzug von einer charmanten Dame entgegengehalten wurde. Hajo Weil hatte diese Karten gezählt und so die Besucherzahl ermittelt.

Gemeinsam stellten wir fest, dass die Gäste nach dem Einwurf der Visitenkarte die Einladungskarten nicht etwa in den bereitstehenden Papierkörben entsorgten, sondern sie sorgfältig in den Brusttaschen der Anzüge verwahrten, sich ein Glas nahmen, zum Fenster gingen und dort längere Zeit den Ausblick genossen, um dann – nach einigen kurzen Griffen in das kalte Buffet, den Raum über den Aufzug wieder zu verlassen.

Unten angekommen, reichten sie ihre Einladungskarten an einen Mitarbeiter ihrer Firma oder einen Freund oder Bekannten weiter, der dann zum Bremen-Empfang in die 107. Etage fuhr.

Dort oben wurden langsam die Gläser knapp, und auch das Buffet sah schon ziemlich gerupft aus. Hajo Weil gab diese Erkenntnis an seinen Chef weiter, der sofort anordnete, die Gläser zu ergänzen und das Buffet aufzufüllen. Da die BLG ohnehin für die Kosten des Empfangs aufkam, ging ich erleichtert zwischen die Gäste.

Wie viele Besucher schließlich kamen, teilte die Bremer Lagerhausgesellschaft nicht mit, aber eine Kopie der Abrechnung des »Club« in der Sachakte der Senatskanzlei verrät, dass man 700 Personen bewirtete. Jedenfalls hat Bremen vielen New Yorkern ermöglicht, noch vor Eröffnung der Räume im »The Club at the World Trade Center« einen Blick auf ihre Stadt zu werfen.

Der ausgefallene Empfang im Country Club in New Orleans

In New Orleans war 1976 ebenfalls ein Bremen-Empfang geplant. Der dortige deutsche Konsul erklärte, für dieses Ereignis sei eigentlich nur ein bestimmter Country Club geeignet. Der Club sei elegant, aber nicht zu elegant und gegenwärtig bei den Leuten aus Hafen, Handel und Industrie »in«.

Zusammen fuhren wir zu dem Club, der zwar etwas außerhalb der Stadt lag, aber tatsächlich sehr gut für den Bremen-Bicentennial-Empfang geeignet schien.

Ein braun gebrannter und drahtiger Geschäftsführer ging mit uns durch die repräsentativen Clubräume, von denen aus man auf die gepflegten Fairways eines Golfplatzes sah. Ich bestellte für das nächste Jahr zwei Räume, plauderte noch ein wenig über das Buffet mit dem Küchenchef, der aus Kaiserslautern stammte und mir zusicherte, für »Beck's Bier« zu sorgen, und zog befriedigt von dannen.

Zurück in Bremen traf ich zufällig einen Kaufmann, der einige Jahre in New Orleans gelebt und gearbeitet hatte. Ich berichtete ihm über den Club und den dort geplanten Empfang. Der Kaufmann sah mich skeptisch an und erklärte, dass ich einen Club gebucht habe, in dem Farbige keinen Zutritt hätten. Wir müssten also die Einladungsliste genau durchgehen, um den Gästen Peinlichkeiten zu ersparen. Mir war sofort klar, dass dieser Club für den Bremen-Empfang nicht infrage kam. Als ich dann telefonisch von dem braun gebrannten und drahtigen Geschäftsführer noch die Bestätigung erhielt, dass Farbige tatsächlich keinen Zutritt hatten, sagte ich die Buchung sofort ab und verlegte den Empfang in ein bekanntes Hotel der Stadt.

Während ich dies hier schreibe, denke ich darüber nach, was der braun gebrannte und drahtige Geschäftsführer des Country Clubs in New Orleans wohl dachte, als Präsident Barack Obama gewählt wurde.

Ein Bremen-Empfang in Tokio

Wieder einmal war eine bremische Hafendelegation unter Leitung des Bürgermeisters nach Japan gefahren, um ein wenig Reklame für den Hafenplatz Bremen-Bremerhaven zu machen.

Leider fanden am Tag der Ankunft die Endausscheidungen im Sumo-Ringen statt, und ganz Tokio war in der Sporthalle. Der Bremen-Vertreter in Japan, Herr Tsuyama, hielt es für unbedingt notwendig, die Leiter der Delegation zum Endkampf einzuladen.

Eine Eintrittskarte zu Logenplätzen besorgte er an der Kasse mithilfe eines Fotos, das den Bürgermeister zusammen mit Kaiser Hirohito und Kaiserin Nagako auf der Schlosstreppe von Schloss Brühl zeigte. Koschnick hatte im Jahr 1971 als amtierender Bundesratspräsident für den erkrankten Bundespräsidenten Gustav Heinemann den Staatsbesuch des japanischen Kaiserpaares wahrgenommen. Herr Tsuyama zeigte das Foto und anschließend auf den Bürgermeister und erhielt in der Arena ein großes Viereck als Sitzplatz für alle Delegationsmitglieder zugewiesen.

Man saß in der Arena auf dem Boden und bekam Tee gereicht, während vorne in einem Viereck die Kämpfe stattfanden. Es gab nur ein Problem: Die Delegation hatte einen Non-Stop-Flug von Frankfurt nach Tokio hinter sich und war früh in Bremen aufgebrochen. So fielen den Delegationsmitgliedern ständig die Augen zu, und Herr Tsuyama musste die Herren des Öfteren am Schnarchen hindern.

Am nächsten Tag waren alle wieder auf den Beinen, und am späten Nachmittag fand der übliche Bremen-Empfang im Hotel Okura statt.

Am Anfang fand ein Defilée für die Gäste statt. Die Mitglieder der Delegation standen aufgereiht am Eingang. Vorne Herr Tsuyama, der die japanischen Gäste dem Bürgermeister – der neben ihm stand – vorstellte. Dahinter stand der Chef der Bremer Lagerhausgesellschaft, dann folgten weitere wichtige Mitglieder der Delegation, und am Ende der Reihe weiterer Herren war mein Platz.

Wie in Japan üblich, trugen die Gastgeber am Revers eine rote Blume, unter der ein weißes Band hing, auf dem der Name in japanischer Sprache zu lesen war. Die deutschen Gäste reichten den Gastgebern im Defilée die Hand, während die japanischen Gäste die Hände vor der Brust zusammenlegten und sich zum Gruß verbeugten.

Mir fiel auf, dass die Japaner meinen Namen auf dem weißen Band studierten, ihre Hände vor der Brust zusammenlegten und sich dann vor mir wesentlich tiefer verbeugten als vor dem Bürgermeister und den anderen Herren in der Reihe vor mir. Jedes Mal erwiderte ich die tiefe Verbeugung fast ebenso tief. In einer kleinen Pause ging ich zu Herrn Tsuyama und erkundigte mich nach dem Grund für die tiefen

Verbeugungen vor mir. Herr Tsuyama las meinen Namen auf der Schleife und lächelte dann höflich.

»Wissen Sie, Reischauer-san«, sagte er, »es liegt an Ihrem Namen. Reischauer war der Name des amerikanischen Botschafters in Japan unter Präsident Kennedy. Der Botschafter war sehr beliebt in meinem Land.«

Ich erinnerte mich plötzlich.

Ein entfernter Verwandter, Edwin O. Reischauer, Professor für Japanologie an der Harvard Universität, war in der Tat amerikanischer Botschafter in Tokio gewesen. Er wurde im Garten der Botschaft von einem geistesgestörten Japaner mit einem Messer angegriffen und schwer verletzt. Hoch angerechnet haben ihm die Japaner, dass er auf eine Strafanzeige gegen den Mann ausdrücklich verzichtete. Und es gab das Gerücht, dass Edwin O. Reischauer als Berater für japanische Fragen im Zweiten Weltkrieg den Abwurf einer Atombombe auf Kyoto – die alte Kaiserstadt – verhindert hat. Reischauer selbst hat das bestritten.

Meines Namens wegen, musste ich aus dem Defilée entfernt werden

Jedenfalls war der Mann berühmt, und da ich nun einmal den gleichen Namen trug, wurde ich – um den Bremen-Empfang nicht zu stören – unverzüglich aus dem Defilée entfernt.

Empfang in Nicaragua

Zum Abschluss des offiziellen Besuches in Nicaragua sollte ein Empfang mit Buffet als Dank an die Gastgeber stattfinden. Der deutsche

Botschafter schlug ein außerhalb der Hauptstadt auf einem Berg gelegenes Restaurant namens »Panorama« vor und erklärte, dass Präsident Daniel Ortega gerne in dieses Lokal komme. Zudem gebe es nur eine schmale Straße, die gut für die ihn begleitenden Sicherheitsbeamten zu kontrollieren sei.

Schon am nächsten Tag sagte der Präsident zu. Der deutsche Botschafter musste bei einem so hohen Ehrengast die Einladungsliste wesentlich vergrößern. Er tat das gerne, denn er hatte den Präsidenten nicht häufig zu Gast, und übernahm später auch den wesentlichen Teil der Kosten für den Empfang.

Nachdem die Teilnehmerzahl annähernd feststand, besichtigte ich das Lokal, das tatsächlich im Gebirge bei Managua lag und nur über eine Serpentinenstraße zu erreichen war. Ich vereinbarte mit dem Wirt einen Festpreis in US-Dollar. Als er allerdings hörte, dass Präsident Ortega kommen werde, verlangte er Bezahlung in Landeswährung. Natürlich wären ihm US-Dollar wesentlich lieber gewesen, aber hätte der Präsident davon Wind bekommen, hätten schlimmere Folgen gedroht, als nur »einen schlechten Eindruck« gemacht zu haben.

Der Botschafter empfahl mir, beim Umtausch meiner US-Dollar-Travellerschecks einen leeren Aktenkoffer mitzunehmen weil die einheimische Währung gegenüber dem US-Dollar gegenwärtig etwas leidend sei. Wie sich herausstellte, reichte der Aktenkoffer bei Weitem nicht aus – ich musste noch zwei Plastiktüten mit Landeswährung vollstopfen, um den vereinbarten Preis für den Abend darstellen zu können.

Mein Geld sah ich zuletzt – fein in verschiedene Stapel geschichtet – auf einem Tisch in der Küche des Lokals. Der Wirt und seine Frau hatten längere Zeit damit verbracht, die Banknoten zu zählen.

Am Abend des 10. April 1989 kam die Mehrzahl der Gäste in angemieteten Kleinbussen. Parkplätze waren am Berg rar, und die meisten waren von der Polizei für den Präsidenten und seine Begleitung reserviert.

Nachdem wir etwa eine Stunde auf den Präsidenten gewartet hatten, ging ich vor das Haus. Es war finstere Nacht.

Unter der einzigen Beleuchtung am Ende der Treppe stand ein Polizist mit Sprechfunkgerät.

»Kommt er noch?«, fragte ich.

»Er ist gerade unten abgefahren!«

Ich gab diese Information sofort an die wartenden Gäste weiter und ging wieder nach draußen. Vom Eingang aus hatte man einen guten Blick auf die Serpentinenstraße.

Nach einiger Zeit tauchten unten Scheinwerfer auf. Etwa ein Dutzend Wagen fuhren dicht hintereinander die Serpentinen hinauf. Der Polizist stellte sich an die Treppe und nahm Haltung an.

Der Präsident saß auf dem Beifahrersitz des zweiten Wagens. Alle Autos waren schwarz-metallic lackierte amerikanische Jeeps mit riesigen wippenden Antennen an der Seite. Das vorne fahrende Sicherheitsfahrzeug machte eine scharfe Wende, lose Erde flog auf, der Jeep stand direkt neben der Treppe. Alle Insassen hielten Maschinengewehre auf den Eingang des Lokals gerichtet.

Der Präsident sprang gekonnt aus dem noch langsam fahrenden zweiten Jeep und lief, zwei Stufen auf einmal nehmend, die Treppe hinauf. Es sah aus wie eine Einsatzübung. Der Präsident trug anstelle eines zivilen Anzuges grün-schwarze Kampfkleidung mit einem kleinen goldenen Stern auf jeder Kragenecke. Neben dem Stern war ein fünfblättriges goldenes Etwas eingenäht – wahrscheinlich stellte das ein Lorbeerblatt dar.

Autogrammkarte von Daniel Ortega

Präsident Daniel Ortega musterte mich eingehend durch seine riesige Brille, rückte den Gürtel zurecht, an dem er eine Pistole trug, und ging dann mit mir zusammen in das Lokal.

Einen Ehrengast im Kampfanzug mit Pistolenholster hatte ich bislang noch nie auf einem offiziellen Empfang gehabt.

Unwillkürlich dachte ich an die biederen Einträge auf unseren Einladungskarten in Bremen. Sie lauteten links unten auf der Karte: »Smoking, Uniform, langes Kleid«. In Nicaragua hätte ich schreiben müssen: »Kampfanzug nebst Bewaffnung«.

Ich stellte den Bürgermeister vor. Die Gäste klatschten. Das Buffet wurde eröffnet.

Nachdem ich mich versorgt hatte, nahm ich Platz. Neben mich setzte sich eine bildhübsche junge Frau in Militäruniform. Die Jacke in Tarnfarbe und mit dunkelgrüner Hose gekleidet, trug sie eine wesentlich größere Waffe als der Präsident. Ich sah durch den Raum und stellte fest, dass alle Begleiter des Präsidenten bewaffnet waren. Die junge Frau neben mir sah eher aus wie ein Model in Uniform als eine Soldatin. Von ihr erfuhr ich Neues über Nicaragua, sie war nämlich Mitglied der Familie von Daniel Ortega und besuchte ihn gerade. Ihre Uniform trug keine Rangabzeichen, denn sie lebte bei den »Contras« in Honduras, die erbittert gegen die »Sandinistas« in Nicaragua und damit gegen Daniel Ortega kämpften. Sie war in Managua geboren und hatte in Madrid und Boston studiert. Ich erfuhr, dass sich die Großfamilie des Präsidenten regelmäßig friedlich traf – gleichgültig auf wessen Seite man gerade politisch stand.

»Wenn Daniel demnächst von uns gestürzt wird, passiert ihm nichts«, sagte meine Nachbarin, »ich werde auf ihn aufpassen, schließlich gehört er zur Familie!«

Daniel Ortega verlor 1990 die Präsidentschaft. Im Jahr 2006 gewann er die Wahlen und kehrte in sein Amt zurück. Er ist seitdem Präsident von Nicaragua. Passiert ist ihm bislang nichts. Die Familie scheint offenbar zu funktionieren.

Nachtrag

Im Mai 1989 besuchte der Präsident der Republik Nicaragua, Daniel Ortega Saavedra, zusammen mit seiner Frau Rosario Murillo offiziell die Bundesrepublik Deutschland. Der Besuch dauerte zwei Tage. Am 10. Mai 1989 kam er nach Bremen und redete vor ca. 2000 Menschen auf dem Bremer Marktplatz. Sein besonderer Gruß galt »compañero Wedemeyer«, der »vor einem Monat sein Land besucht habe und die Probleme gut kenne«. Anschließend trug er sich in das Goldene Buch der Stadt ein.

Der Bürgermeister und Daniel Ortega

Auch bei dem offiziellen Staatsbesuch in der Bundesrepublik trug er eine grüne Uniform mit dem kleinen goldenen Stern an den Kragenecken und die riesige Brille.

Genau wie einen Monat zuvor bei dem Essen im Restaurant »Panorama« in Nicaragua.

Ehrenbürger von New Orleans

Während meines Aufenthaltes im Jahr 1976 in New Orleans bekam ich von Bürgermeister Moon Landrieu eine Urkunde überreicht. Da ich damit Ehrenbürger von New Orleans bin, hängt die Urkunde gerahmt über meinem Schreibtisch.

Während eines Essens beim Bürgermeister fragte ich den persönlichen Referenten, wozu die Ehrenbürgerwürde berechtige. Er antwortete:

»Man darf gratis auf dem Lake Pontchartrain Schlittschuh laufen und umsonst in ganz New Orleans U-Bahn fahren!«

Man muss allerdings wissen: Der Lake Pontchartrain friert nie zu, und New Orleans hat keine U-Bahn.

Die Urkunde bleibt trotzdem über meinem Schreibtisch!

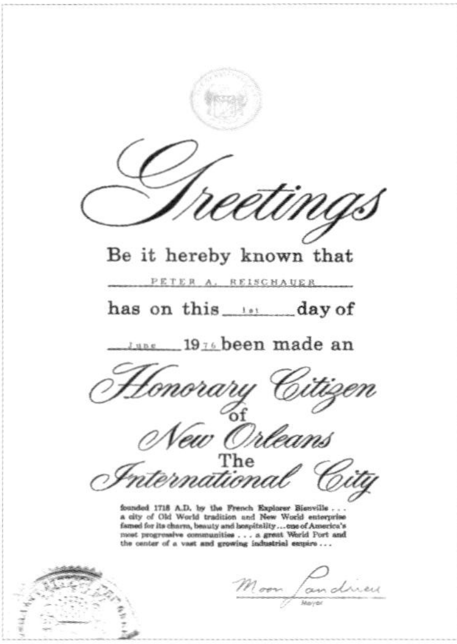

Greetings

Be it hereby known that

PETER A. REISCHAUER

has on this 1st day of

June 1976 been made an

Honorary Citizen of New Orleans The International City

founded 1718 A.D. by the French Explorer Bienville ... a city of Old World tradition and New World enterprise famed for its charm, beauty and hospitality ... one of America's most progressive communities ... a great World Port and the center of a vast and growing industrial empire ...

Moon Landrieu
Mayor

Ehrenbürger von New Orleans!

Über das Protokoll und das gute Benehmen

Leuten von gewissem Stande und einer nicht ganz gemeinen Erziehung ist das in der ersten Jugend schon eingeprägt worden.

Adolph Freiherr von Knigge

Mein Buch soll nicht das gute Benehmen beibringen.

Warum sind eigentlich viele Menschen der Auffassung, ein Protokollchef sei zuständig für das gute Benehmen und Sachverständiger für alle Fragen der Etikette?

Ich habe lange darüber nachgedacht. Jetzt bin ich mir ziemlich sicher.

Ein Grund für dieses Missverständnis ist Frau Erica Pappritz. Sie wissen nicht, wer das war?

Frau Erica Pappritz hat zusammen mit Herrn Karlheinz Graudenz nach dem Zweiten Weltkrieg das erste Buch über das feine Benehmen verfasst. Später wurde bekannt, dass Erica Pappritz an der 1. Auflage des Buches von Karlheinz Graudenz nur beratend mitgearbeitet hat. Unter ihrem Namen verkaufte es sich aber offenbar besser. Erst bei den späteren Auflagen erscheint ihr Name auch als Mitautorin. Das »Buch der Etikette« galt in der jungen Bundesrepublik lange Jahre als »Bibel der guten Sitten«. Es enthielt Regeln für das gute Benehmen bis ins kleinste Detail. Es wurde Pflichtlektüre für alle bundesdeutschen Tanzschulen, in denen damals neben den Standardtänzen und lateinamerikanischen Tänzen auch die Themen »gutes Benehmen« und »Etikette« Teile des Lehrprogramms bildeten.

Erica Pappritz war aber nicht nur Autorin, sie war auch – und nun kommt die Verknüpfung – Referatsleiterin in der Protokollabteilung des Auswärtigen Amtes. Als »Vizeprotokollchefin« war sie direkt dem Bundeskanzler und Außenminister Konrad Adenauer unterstellt. Sie baute das staatliche Protokoll für die Bundesrepublik Deutschland auf.

Nun also ist der Zusammenhang klar: Vizeprotokollchefin schreibt mit an dem deutschen Benimmbuch. Protokoll ist also zuständig für die Umgangsformen.

Leider falsch.

Die Parallele zu Adolf Freiherr von Knigge liegt auf der Hand. Auch der wollte kein Benimmbuch schreiben. Sein Buch »Über den Umgang mit Menschen« war in der Urfassung ein Traktat praktischer Lebensphilosophie, verbunden mit Ratschlägen, die auch weniger gebildeten Menschen Chancen auf Erfolg im gesellschaftlichen Leben geben sollten. Im Vorwort zur 3., im Jahr 1790 erschienenen Auflage seines Buches schreibt Knigge selbst, dass der Buchtitel: »Vorschriften, wie der Mensch sich zu verhalten hat, um in dieser Welt und in Gesellschaft mit anderen Menschen glücklich und vergnügt zu leben und seine Nebenmenschen glücklich und froh zu machen« besser zum Inhalt des Buches gepasst hätte. Er gefiel ihm nicht. »Allein dieser Titel kommt mir ebenso geschwätzig als prahlerisch vor«, schreibt er.

Dass in späteren Auflagen die Grundideen des Freiherrn von Knigge immer weiter verwässert wurden, bis »der Knigge« tatsächlich schließlich zum Benimmbuch verkam, können wir dem Freiherrn nicht anlasten. Er ruhe in Frieden im Bremer Dom.

Bleibt noch zu erklären, was ein Protokollchef eigentlich macht, wenn er schon nicht auf ordentliche Manieren achtet. Nun, ich denke, ein wenig über die Arbeit erfahren Sie schon aus den Geschichten in diesem Buch.

Fangen wir an bei den Veranstaltungen, die das Protokoll im Bremer Rathaus organisiert. Wir haben sie einmal für einen Bericht an den Senat gezählt und kamen auf über 850 Veranstaltungen im Jahr. Das geht bei den Schülerempfängen los, umfasst Stehempfänge aus vielseitigsten Anlässen, Ordensverleihungen (selten), Essen in kleinem Kreis, große Staatsbankette bei Staatsbesuchen, Empfänge bei Schiffsbesuchen bis hin zu den großen Jahresempfängen zu Neujahr oder für das bremische Konsularcorps.

Dann hat das Protokoll Auslandsreisen bremischer Delegationen vorzubereiten und durchzuführen, pflegt den Kontakt zu Dienststellen des Bundes und der Länder, kümmert sich um die bremischen Partnerstädte, betreut das Konsularcorps, bereitet Ordensverleihungen vor und betreut die Dienstfahrzeuge der Bürgermeister und Senatoren.

Ordensverleihungen

Gar mancher schleicht betrübt umher,
sein Knopfloch ist so öd' und leer.
Wilhelm Busch

»Orden und Ehrenzeichen finden nicht statt.«

Unter diesem Motto lassen sich die Bremer stets feiern. Der Spruch sagt, dass Bremer – richtige Bremer – keine Orden annehmen. Ein Blick in die Akten der Protokollabteilung des Rathauses zeigt, dass diese Aussage längst ihre Gültigkeit verloren hat.

Bei den jährlich stattfindenden Besprechungen der Protokollreferenten des Bundes und der Länder wird stets gefragt, wie viele Bundesverdienstkreuze in welcher Stufe im vergangenen Jahr verliehen worden sind.

Das ist dann der große Augenblick der Bundesländer Hamburg und Bremen. Sie unterbieten sich regelmäßig mit den wenigsten Verdienstkreuzverleihungen der Republik. Manche süddeutschen Länder nennen zum Teil hohe dreistellige Verleihungsakte, während die Hansestädte stets im ein-, höchstens zweistelligen Bereich bleiben.

Als ich nach 963 Verleihungen in Bayern für Bremen elf Verleihungen nannte, meinte der Kollege aus Hamburg, dass Bremen diesmal unverhältnismäßig wüst zugeschlagen habe, und vermeldete die Zahl von neun Verleihungen für Hamburg. Ich habe mich geschämt. Nicht verschwiegen werden soll hier dann auch der aus der Hanseschwester überlieferte Satz: »Höchste Auszeichnung ist es, hamburgischer Bürger zu sein.«

Dabei ist der Spruch, dass »Orden und Ehrenzeichen nicht stattfinden« aus einer Zeit, in der diese Auszeichnungen nicht selten mit einer lebenslangen finanziellen Dotation für den Ordensempfänger verbunden waren. In hanseatischen Kaufmannskreisen roch das stark nach Bestechung (was es ja eigentlich auch war), und bestechlich wollte der bremische Kaufmann – jedenfalls damals – nicht sein.

Mitunter müssen sogar zwei Personen bei der Überreichung eines Ordens mithelfen. Hier sind es Senator Horst-Werner Franke (links) und Protokollchef Dr. Eberhard Heuer. Der Ausgezeichnete Hermann Faltus erhält das Große Verdienstkreuz des Verdienstordens der Bundesrepublik Deutschland. Faltus war zwar bremischer Beamter, aber zum Zeitpunkt der Auszeichnung schon in den Ruhestand versetzt worden

Heute gilt dieser Spruch eigentlich nur noch für bremische Beamte, die im aktiven Dienst der Hansestadt Bremen stehen. Sie dürfen keine Orden annehmen und benötigen für Ausnahmen die ausdrückliche Genehmigung des Senats der Freien Hansestadt Bremen.

Da es sich zumeist um ausländische Orden handelt, behauptet der auszuzeichnende Beamte regelmäßig, dass eine Ablehnung der Auszeichnung eine schwere Beleidigung der Regierung sei, die ihm den Orden angetragen habe. Mit dieser Begründung gehen dann zumeist die entsprechenden Anträge ohne Diskussion durch den Senat – schließlich will der Senat ja keine fremden Regierungen beleidigen.

Auch die bundesdeutschen Orden werden in Bremen in letzter Zeit vermehrt beantragt und auch angenommen.

Ein Referent der Protokollabteilung vertrat die Auffassung, dass sich in höheren verdienstordensträchtigen Ämtern vermehrt keine »echten Bremer« mehr befänden. Das seien doch eher Sachsen oder Düsseldorfer, die für ein Bundesverdienstkreuz so ziemlich alles täten.

Die Verleihung mit einem Bundesverdienstkreuz ist mit ziemlich großem Verwaltungsaufwand verbunden. Das Bundesverdienstkreuz wird vom Bundespräsidenten verliehen, aber er überreicht es in den seltensten Fällen persönlich. Wahrscheinlich müsste er sich sonst dauernd in den süddeutschen Bundesländern aufhalten oder wie die deutschen Kaiser im Mittelalter von Pfalz zu Pfalz durch die deutschen Lande reisen.

Das Anstecken des Bundesverdienstkreuzes ist manchmal etwas schwierig, weil sich des Öfteren die Ordensspange verbiegt. Hier hat der Bürgermeister Probleme bei der Verleihung an Frau Vera Janßen

Großzügig überlässt er den Verleihungsakt den jeweiligen Landesregierungen des Auszuzeichnenden. Die Landesregierungen übernehmen auch die Verantwortung für den Antrag. Sie müssen prüfen, ob der Auszuzeichnende sich tadelsfrei verhalten hat und eine Auszeichnung der Bundesrepublik Deutschland verdient. Nichts ist so peinlich, wie wenn ein Journalist nach der Verleihung eine SS-Mitgliedschaft oder finanzielle Unterschleife offenlegt. Das ist dann aber Sache des Bundeslandes und nicht unseres Herrn Bundespräsidenten, der das schließlich nicht wissen konnte.

Die Protokollabteilung teilt dem Auszuzeichnenden daher regelmäßig vorher mit, dass sie entsprechende Recherchen anstelle und Sie, verehrte Leserinnen und Leser, glauben gar nicht, wie viele Ordensanwärter nach dieser Mitteilung energisch darum bitten, die Angelegenheit nicht weiter zu verfolgen. Das hat mich gelegentlich schon nachdenklich gemacht.

Gestatten Sie mir an dieser Stelle, dass ich Ihnen einige Tipps für die Verleihung des Bundesverdienstkreuzes gebe.

Nehmen wir an, Ihrer Firma oder der von Ihnen repräsentierten Interessenvertretung ist es gelungen, in der Protokollabteilung Ihren sehnlichsten Wunsch nach der Verleihung eines Ordens zu platzieren. Sie erhalten von einer charmanten Dame aus dem Rathaus einen Anruf mit der Frage, ob Sie denn überhaupt ein Bundesverdienstkreuz annehmen würden. Die Dame spielt nicht nur die Überraschungsfee, sondern sie fragt das, weil sie sich – sollten Sie grundsätzlich gegen die Verleihung von Orden sein – viel Arbeit ersparen könnte. Sie erhalten also den Anruf, jubeln innerlich und fragen jedoch, zurückhaltend bescheiden wie Sie sind, wie Sie zu der Ehre eigentlich kommen.

Die Dame aus dem Rathaus wird Ihnen nicht sagen, dass der Geschäftsführer Ihres Interessenverbandes, demgegenüber Sie bereits des Öfteren betont haben, dass Ihre Arbeit eigentlich bundesverdienstkreuztauglich sei, nun endlich den gewünschten Antrag gestellt hat. Die Dame weicht Ihrer Frage aus und nimmt zur Kenntnis, dass Sie – eigentlich zögernd (»wenn es denn unbedingt sein muss«) – die Auszeichnung annehmen würden. Die Recherchen beginnen.

Irgendwann ist es so weit. Ihnen wird mitgeteilt, dass die Ordensverleihung im Kaminsaal des Rathauses stattfinde. Man bittet um Hergabe einer Liste von ungefähr 120 einzuladenden Gästen.

Hier nun beginnt Ihre Arbeit.

1. Vergessen Sie nicht, Gäste einzuladen, von denen Sie wissen, dass Sie Ihnen das Bundesversdienstkreuz herzlich neiden.

2. Vergessen Sie nicht, den Geschäftsführer Ihres Interessenverbands einzuladen. Er hat die Sache schließlich in Gang gesetzt.

3. Lassen Sie sich den Orden nicht im Winter überreichen. Im Winter müssen Sie einen Anzug mit festem Stoff wählen. Wenn Ihnen der Bürgermeister oder ein Senator am Ende der Zeremonie endlich

den Orden ansteckt, verbiegt sich regelmäßig die Ordensspange, und ein peinlicher Augenblick, in dem der Protokollchef die Spange gerade biegen muss, ist unvermeidlich. Darüber freuen sich dann die unter Ziffer 1 genannten Gäste.

4. Bitte nehmen Sie den Orden stolz für sich allein und Ihre Verdienste in Anspruch. Weder Ihre Frau noch Ihre Mitarbeiter sind diejenigen, die den Orden eigentlich verdient haben. Sie haben den Orden bekommen.

Ihre Frau hat immer gut gekocht, Ihre Wäsche gepflegt und das Haus sauber gehalten, und Ihre Mitarbeiter haben immer ein reichliches Gehalt für ihre Arbeit erhalten. Aber Ihnen steht der Orden zu. Sagen Sie das doch bitte laut und deutlich.

Ich habe noch nie eine Dankesrede gehört, in der sich jemand dafür bedankt, dass ihm selbst der Orden verliehen worden ist, der ihm schließlich auch zusteht. Immer steht der Orden eigentlich anderen zu. So sagt er. Natürlich glaubt das keiner – aber warum sagt der Geehrte das dann?

Die Bremer Stadtmusikanten

Sie dürfen in einem Bremen-Buch – zumal über das Bremer Rathaus – nicht fehlen. Völlig überflüssigerweise wurde im Februar 2009 eine neue Diskussion über Größe und Standort der Gerhard-Marcks-Plastik angezettelt.

Das hatten wir doch alles schon!

Alles darüber nämlich findet man in den Akten des Staatsarchivs Bremen. Studiert man diese Akten, so stellt man fest, dass alle Diskussionen über die Größe der Plastik und einen neuen Standort schon vor Jahren fruchtlos verlaufen sind. Vergrößern kann Gerhard Marcks seine Plastik leider nicht, denn er ist verstorben, und ein Wechsel des Standortes wurde schon damals von den Bremerinnen und Bremern vehement abgelehnt.

Einige fanden, dass die Stadtmusikanten überhaupt nicht als Skulptur in Bremen aufgestellt werden dürften. Die genaue Lektüre des Märchens ergebe eindeutig, dass die Tiere nicht bis nach Bremen gekommen seien. Das Räuberhaus, in dem sie schließlich ihren Ruhestand verbrachten, befinde sich in der Nähe von Verden auf niedersächsischem Gebiet.

Allerdings werden nicht wenige sich der Meinung eines Briefschreibers anschließen. Er empfahl dem Bürgermeister seinerzeit, die Gerhard-Marcks-Plastik so umzudrehen, dass die Tiere in das Rathaus gucken. Schließlich – so der Briefschreiber – »sitzen die Räuber doch im Rathaus«.

Wie die Bremer Stadtmusikanten nach Japan kamen

Wir haben inzwischen aber schon eine weitere Skulptur der Bremer Stadtmusikanten. Sie stammt von Bernd Altenstein und hat ziemlich viel mit dem Rathaus zu tun.

Anfang 1985 schrieb der Leiter des Goethe-Instituts Osaka/Japan an den Bürgermeister einen freundlichen Brief, der ein großes Projekt in Bewegung setzte. Der Institutsleiter teilte mit, dass mit einer großzügigen Spende der japanischen Automobilindustrie demnächst in Osaka eine neue Kinder- und Jugendbibliothek eröffnet werde.

Die »Bremer Stadtmusikanten« seien in Japan das bekannteste aller deutschen Märchen. Er halte es für eine nette Geste, wenn Bremen aus Anlass der Eröffnung des Hauses der Bibliothek ein Bild oder ein Foto der Bremer Stadtmusikanten schenken würde.

Der Brief kam auf meinen Tisch mit der handgeschriebenen Randnotiz:

»23 – lassen Sie sich da was einfallen!«

»23« war ich, und die Aufforderung war mit grünem Kugelschreiber geschrieben. Einen grünen Kugelschreiber darf auf offiziellen Dokumenten im Rathaus nur der Bürgermeister benutzen. Eine Anordnung zum Nachdenken von ganz oben also. Leider fiel mir zunächst nichts ein. Wir hatten zwar die Stadtmusikanten aus Draht gebogen, ein Werk eines eifrigen Kleingärtners, aber irgendwie war das gute Stück nicht so recht für einen repräsentativen Zweck in Japan geeignet. Es sollte ja auch eigentlich eine Kleingartenparzelle in Walle schmücken.

Einige Tage später kam der Bildhauer Bernd Altenstein in mein Dienstzimmer.

Er wollte mit mir den Ablauf irgendeiner Veranstaltung in der Hochschule für Künste besprechen. Am Ende des Gesprächs fragte ich ihn, ob er eine Idee zur Erfüllung des Wunsches aus Osaka habe. Er erklärte, dass er schon seit einiger Zeit darüber nachdenke, wie das Thema der Bremer Stadtmusikanten bildnerisch so umzusetzen sei, dass die hinter dem Märchen versteckte Idee besser zur Geltung komme. Schließlich gehe es bei dem Märchen um die Themen Alter, Arbeitslosigkeit und solidarisches Handeln. Er bat um einige Tage Geduld.

Dann kam er mit einem Entwurf, in dem er das Märchen tatsächlich auf seinen Ursprung zurückführte. Es geht um Menschen, die ihre Arbeit auf dem Bauernhof aus Altersgründen nicht mehr zur Zufriedenheit des Bauern machen können. Sie sind – wie es im Märchen heißt – »zu nichts mehr nütze«. Sie müssen ihre Höfe verlassen, tun sich zusammen und vertreiben gemeinsam einige Räuber, um bis an ihr Lebensende in deren Haus zu wohnen. Wie in einer Fabel werden in dem Märchen allerdings die alten erwerbslosen Menschen als Tiere dargestellt.

Die Stadtmusikantenplastik von Bernd Altenstein

Als Bernd Altenstein die Stadtmusikantenplastik schuf, herrschte in Bremen gerade die Werftenkrise, die viele Menschen arbeitslos machte. Aus diesem Grunde ließ er die Figuren an und auf einem großen Helgen (Portalkran) sitzen, auf dessen Sockel zudem der Rauswurf der Arbeiter per Fußtritt gezeigt wird.

Bei Altenstein sieht man keine Tiere, sondern Menschen mit Tiermasken. Jeder von ihnen spielt ein anderes Instrument. Der Esel spielt einen Dudelsack, der Hund ein Saxofon, die Katze ein Bandoneon und der Hahn eine Flöte.

Der Entwurf überzeugte alle, und so bemühte man sich um die Finanzierung der Plastik. Der Leiter des Goethe-Instituts in Osaka sprach das japanische Fernsehen an, das sofort begeistert war und die Entstehung des Kunstwerkes von Anfang an mit einem Kamerateam begleiten wollte.

Damit war auch die Finanzierung des Projektes gesichert, denn viele deutsche und japanische Firmen rissen sich förmlich um eine Beteiligung an dem Projekt. Wie bekommt man schließlich preiswerter Sendezeit im japanischen Fernsehen?

Bernd Altenstein bei der Arbeit in Osaka

Bernd Altenstein fuhr in einen Steinbruch im Weserbergland und suchte einen vier Tonnen schweren und über zwei Meter hohen Sandsteinblock aus, der per Binnenschiff nach Bremerhaven transportiert wurde. Von Bremerhaven ging der Steinblock mit Frachtschiff nach Japan und wurde im September 1985 mit einem Tieflaster bis vor die Jugend- und Kinderbibliothek Osakas gebracht und dort aufgestellt. Alle Transporte wurden von Firmen gesponsert, und auch für den Aufenthalt von Bernd Altenstein und seinen Schüler Hans Müller fand sich ein Spender.

Natürlich machten das die Firmen nicht aus Interesse an Kunst.

Ihre Interessen waren handfest. Sie spekulierten darauf, mit ihrer Firma im japanischen Fernsehen zu erscheinen, und die Rechnung ging auf. Sie mussten eigentlich nur dafür sorgen, dass der Firmenname am Kran oder am Schiff und Schwertransporter gut zu lesen war. Der Film wurde sogar mehrfach im japanischen Fernsehen gezeigt, und ich bekam Beschwerden von Firmen, die nichts von dem Projekt gewusst hatten und daher nicht in Erscheinung treten konnten. Gott sei Dank konnte ich ihnen sagen, dass ich keine der Firmen um eine Beteiligung gebeten hatte. Sie hatten über ihre japanischen Repräsentanten von dem Projekt gehört und sich mit dem Goethe-Institut in Verbindung gesetzt.

Altenstein und Müller meißelten und hämmerten die Stadtmusikantenplastik vor der Bibliothek aus dem Stein. Am 11. November

1985 wurde die Plastik feierlich eingeweiht. Nun stehen also die Bremer Stadtmusikanten aus Sandstein von der Weser mitten in Osaka.

Die Bremer Stadtmusikanten und die Solidarität

In seiner Sitzung am 10. November 1987 stiftete der Senat der Freien Hansestadt Bremen den »Bremer Solidaritätspreis«.

»Mit ihm soll der Einsatz von Personen und Gruppen zur Überwindung von Ungerechtigkeit im Nord-Süd-Verhältnis und der Folgen von Kolonialismus und Rassismus gewürdigt werden.«

Für die erste Verleihung des Preises am 24. Februar 1988 fertigte Bernd Altenstein eine Kleinplastik seiner Bremer Stadtmusikanten aus Bronze an, die zusätzlich zum Preisgeld vergeben wird. Die Bremer Stadtmusikanten sind auf diese Weise zum Symbol des Bremer Solidaritätspreises geworden, denn sie zeigen, dass durch solidarisches Handeln auch die Schwachen eine Chance haben, sich gegen die Starken durchzusetzen.

Die erste Verleihung des Bremer Solidaritätspreises am 24. Februar 1988 verlief sehr eindrucksvoll. Einen großen Anteil daran hatte der Komponist und Interpret Abdullah Ibrahim, der zur Einleitung sein Pianosolo »Mandela« spielte.

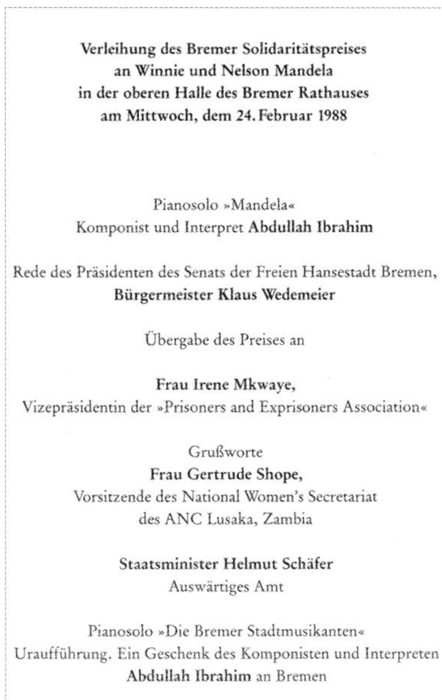

Verleihung des Bremer Solidaritätspreises
an Winnie und Nelson Mandela
in der oberen Halle des Bremer Rathauses
am Mittwoch, dem 24. Februar 1988

Pianosolo »Mandela«
Komponist und Interpret **Abdullah Ibrahim**

Rede des Präsidenten des Senats der Freien Hansestadt Bremen,
Bürgermeister Klaus Wedemeier

Übergabe des Preises an

Frau Irene Mkwaye,
Vizepräsidentin der »Prisoners and Exprisoners Association«

Grußworte
Frau Gertrude Shope,
Vorsitzende des National Women's Secretariat
des ANC Lusaka, Zambia

Staatsminister Helmut Schäfer
Auswärtiges Amt

Pianosolo »Die Bremer Stadtmusikanten«
Uraufführung. Ein Geschenk des Komponisten und Interpreten
Abdullah Ibrahim an Bremen

Das Programm der ersten Bremer Solidaritätspreisverleihung

Abdullah Ibrahim wurde als Adolph Johannes Brand in Kapstadt geboren und nannte sich

Abdullah Ibrahim 1988 in der Oberen Rathaushalle

vor seinem Übertritt zum Islam Dollar Brand. Er gilt als einer der Protagonisten des modern-creative Stils der Jazzmusik.

Alle waren gespannt auf die Uraufführung seines Pianosolos »Die Bremer Stadtmusikanten«. Er wollte es als Improvisation vortragen. Leider wollte sie ihm nicht so gelingen, wie er es geplant. Hinterher sagte er, »der Raum«, er meinte die Obere Rathaushalle, »hätte ihn total fertiggemacht«.

Der Bremer Solidaritätspreis wurde am 16. März 2009 zum zwölften Mal verliehen.

Für mich ist der Bremer Solidaritätspreis der wichtigste Preis, den der Bremer Senat zu vergeben hat. Es freut mich, dass alle Bürgermeister bislang die Bedeutung dieser Auszeichnung durch ihr persönliches Engagement gewürdigt und ihn gegen alle Einsparwünsche verteidigt haben. Er ist schließlich auch der einzige Nord-Süd-Preis, den ein deutsches Bundesland vergibt.

Geschichten über die Bürgermeister

Vielleicht ist Ihnen aufgefallen, dass bisher nur selten die Namen der Bürgermeister genannt worden sind. Ich habe darauf verzichtet, weil es bei den Schilderungen häufig weniger um die Person des jeweiligen Bürgermeisters ging, sondern vielmehr um sein hohes Amt: Der Präsident des Senats der Freien Hansestadt Bremen im Range eines Ministerpräsidenten der Bundesrepublik Deutschland. Außerdem sind die Begebenheiten im Buch nicht chronologisch erzählt, sondern nach Themen, sodass die Namen vielfach gewechselt hätten. Häufig wäre der von Hans Koschnick gefallen. Für ihn habe ich siebzehn Jahre gearbeitet, danach für Klaus Wedemeier und zuletzt für Henning Scherf.

Am Ende des Buches möchte ich nun noch einige Geschichten erzählen, die sich direkt auf »meine Bürgermeister« beziehen. Es sind kleine Begebnisse und Anekdoten, an die ich mich gern erinnere – sie sind zu schade, um einfach in Vergessenheit zu geraten.

Aufforderung zum Tanz und die Goldene Bädermedaille

Als Bürgermeister musste Hans Koschnick mitunter auch an Bällen teilnehmen. Er mochte das nicht, weil immer die Gefahr für ihn bestand, auf die Tanzfläche gebeten zu werden. Er konnte und wollte aber nicht tanzen.

Auf einem Ball des bremischen Konsularcorps im Park-Hotel entstand dann doch plötzlich die etwas peinliche Situation, dass er bei einer Damenwahl von der Gattin eines Konsuls zum Tanz gebeten wurde. Gespannt verfolgte ich, wie er sich aus der Affäre ziehen würde.

»Gnädige Frau«, sagte er höflich, »Sie wissen sicherlich, dass ich Senator für kirchliche Angelegenheiten des Landes Bremen bin. Und ich muss Ihnen leider sagen, dass ich das Tanzen aus Glaubensgründen leider ablehnen muss.«

»Entschuldigen Sie, Herr Bürgermeister«, antwortete die Dame. »Aber welcher strenge Glaube untersagt Ihnen denn das Tanzen?«

Hans Koschnick blickte sie treuherzig an: »Ich glaube«, sagte er, »ich kann es nicht.«

Und es gab noch etwas, das nicht Hans Koschnicks Gebiet war, das Schwimmen. Umso trefflicher, als dem Nichtschwimmer Hans Koschnick die Goldene Bädermedaille verliehen wurde. In der Dankesansprache sagte er: »Im Schwimmen sind mir mindestens neunzig Prozent aller Bremer Schulabgänger überlegen. Die haben wenigstens ein Freischwimmerzeugnis!«

Sommertheater im Rathaus

Im Jahr 1984 zog die »Bremer Shakespeare Company« in die von ihr gemieteten Räume der ehemaligen Kammerspiele in der Böttcherstraße ein. Die Truppe entwickelte sich schnell zum Geheimtipp in Bremens Kulturlandschaft. Insbesondere zog sie junge Leute an, und das Theater war jeden Abend ausverkauft.

Leider war der Zuschauerraum der Kammerspiele viel zu klein, um dort einigermaßen einträglich ein Theater zu betreiben. Aus diesem Grunde hatte der Intendant des Theaters am Goetheplatz, unter dessen Leitung die Kammerspiele jahrelang bespielt worden waren, die Spielstätte auch aufgegeben.

Staatliche Subventionen bekam die Bremer Shakespeare Company nicht. Der zuständige Kultursenator wollte sich – wie er sagte – nicht noch ein subventioniertes Theater »ans Bein binden«.

Allein über die Eintrittsgelder ließ sich aber die Company nicht ausreichend finanzieren. Die Folge war eine unziemliche Selbstausbeutung der Truppe. Die Schauspieler bekamen kümmerliche Gehälter, und an Urlaub war überhaupt nicht zu denken.

Anfang 1986 bat mich einer der Organisatoren der Company, Norbert Kentrup, für die Truppe eine Rathausführung zu machen. Ich tat das gerne. Als die Schauspieler den Festsaal und die Obere Halle des Rathauses sahen, waren sie begeistert.

»Hier müssten wir Shakespeare spielen«, sagte Norbert Kentrup.

Der Bürgermeister nahm die Idee gerne auf.

»Vielleicht können wir das ja in den Sommerferien hinkriegen«, sagte er. »Im August ist doch sowieso im Rathaus nicht viel los!«

Die Bremer Shakespeare Company hatte schnell ein schon länger geplantes Vorhaben zur Hand. Der Schauspieler Rainer Iwersen und der Regisseur Chris Alexander hatten die drei Dramen »Heinrich IV«, 1. und 2. Teil, sowie »Heinrich V« zu einer Abendvorstellung zusammengefasst und richteten das Projekt für den Festsaal des Rathauses ein.

Zur Premiere lud der Bürgermeister das bremische Konsularcorps mit Familien in den Festsaal ein. Zu unserer großen Enttäuschung meldeten sich nur wenige der Konsuln auf die Einladung, und so entschloss sich der Bürgermeister, die vielen restlichen Karten an Schulklassen und Fortbildungseinrichtungen weiterzugeben.

Der Festsaal im Rathaus war brechend voll, und die Premiere Ende Mai 1986 wurde ein riesiger Erfolg. Die weiteren neun Vorstellungen im August des Jahres waren bald ausverkauft.

Auch das Konsularcorps meldete sich – nach den begeisterten Zeitungskritiken – telefonisch in der Protokollabteilung, um das freundliche Angebot des Bürgermeisters für Freikarten anzunehmen.

»Wenn es geht, bitte sechs Karten, dann können unsere Freunde und unsere Kinder auch mit!«

Leider mussten wir den Anrufern mitteilen, »dass die Einladung des Bürgermeisters nur für die Premiere gegolten habe: Wenn man sich allerdings beeile, könne man möglicherweise noch einige Karten käuflich erwerben…«.

Mein Lieblingswitz

Meine schönste Hans-Koschnick-Geschichte hat mir ein Flurwächter des Rathauses erzählt, der allerdings sofort hinzufügte:

»Die ist natürlich erfunden!«

Ich habe die Geschichte gleich Hans Koschnick weitererzählt, weil er sich immer so riesig über Witze zu anderen Politikern amüsiert hat. Und so geht der Witz:

Hans Koschnick kommt aus dem Rathaus. Draußen herrscht Glatteis, und eine Dame ist auf dem vereisten Gehweg ausgerutscht.

Hans Koschnick hilft ihr galant wieder auf die Beine.

»Vielen Dank, Herr Bürgermeister«, sagt die Dame. »Wie kann ich das wieder gutmachen?«

»Wählen Sie mich das nächste Mal, gnädige Frau«, sagt Hans Koschnick freundlich. Darauf die Dame:

»Aber Herr Bürgermeister, ich bin auf den Hintern gefallen, nicht auf den Kopf!«

Hans Koschnick was not amused, und ich konnte froh sein, nicht sofort aus seinem Dienstzimmer zu fliegen.

Späth über Koschnick

Nun will ich aber einen versöhnlichen Abschluss finden. Ich möchte dazu den ehemaligen Kollegen von Hans Koschnick, den Ministerpräsidenten von Baden-Württemberg, Lothar Späth, zitieren.

Da fällt mir ein, dass ich im Februar 1986 Lothar Späth vom Flughafen Bremen abgeholt habe, weil er in diesem Jahr Ehrengast der Bremer Schaffermahlzeit war. Ich habe ihm damals eine Rede überreicht, die er als Innenminister seines Landes in Bremen gehalten hatte. Er bewunderte Bremens Häfen und Werften, Bremerhavens Fischereiindustrie und Bremens Stahlproduktion. Dagegen sei das arme Bundesland Baden-Württemberg wirklich leider nichts. Er werde seine ganze Kraft auf den Ausbau der Hochschulen und Universitäten setzen, um eine wenigstens einigermaßen dem Bundesland Bremen entsprechende Leistung zu erbringen. Als Späth 1986 wieder nach Bremen kam, war sein Land ganz nach vorn gekommen und Bremen bereits kräftig verschuldet.

Hans Koschnick und Lothar Späth waren auch für die Industrie und den Handel ihrer Bundesländer ständig im Ausland unterwegs. Es ist heute aber an der Zeit, dass ich eingestehen muss, dass wir Bremer eigentlich immer nach Lothar Späth unsere offiziellen Auslandsbesuche machten. Der gängige Spruch in unseren Handelsdelegationen lautete:

Gott ist überall – Späth war überall.

Die Baden-Württemberger haben das große und erfolgreiche Engagement ihres Ministerpräsidenten im Ausland gedankt, indem sie ihn wegen einer Auslandsreise zum Rücktritt vom Amt des Ministerpräsidenten gezwungen haben.

Hier nun aber das Zitat von Lothar Späth in der Abschiedsrede am 17. Oktober 1985 im Deutschen Bundesrat für Hans Koschnick:

»Ich habe nach einem Symbol gesucht und auch eines gefunden, das auf Hans Koschnick zutreffen könnte. Der spanische König Philipp II. hat einmal an den französischen Heinrich IV. geschrieben und in der Einleitung seines Briefes alle seine Titel aufgeführt. Das hat Heinrich, weil er darob gar nicht zum Lesen des eigentlichen Inhalts kam, so verärgert, dass er in seiner Antwort als Absender angegeben hat: ›Heinrich, Bürger von Paris‹.

Da müsste passen, wenn man Hans Koschnick beschreiben will: Koschnick-Bremen. Das genügt eigentlich – uns hat er sich eigentlich immer als Koschnick-Bremen präsentiert.«

Nicht nur ein Händedruck

Bürgermeister Henning Scherf war auch deshalb sehr populär, weil er allen Bürgerinnen und Bürgern stets freundlich, liebenswürdig und interessiert begegnete. Er konnte gut zuhören und hatte nicht nur ein offenes Ohr für alle Anliegen, sondern stand auch mit Rat und Tat zur

Seite. Wenn es nötig war, nahm er einen Hilfesuchenden auch einmal liebevoll in den Arm – es war seiner Meinung nach oft nötig. Im Rathaus galt daher der Satz: »Die Oma bleibt nicht ungeküsst, wenn Henning in der Nähe ist.«

Ein Rathaus-Geschenk für den Chef

Klaus Wedemeyer übernahm sein Amt als Bürgermeister von Hans Koschnick mitten in der Legislaturperiode (18. September 1985). Die erste Wahl, zu der er sich den Wählern stellte, fand am 13. September 1987 statt.

Sie war für den Bürgermeister recht erfolgreich. Also entschlossen sich die Mitarbeiterinnen und Mitarbeiter des Rathauses, ihrem Chef mit einem Geschenk zu gratulieren.

Ich ließ für alle eine »Sitzverteilungstorte« anfertigen.

Unsere Sitzverteilungstorte für den Bürgermeister

Die Sitzverteilung ist in den Farben der jeweiligen Partei dokumentiert. Das größte Stück der Torte ist rot (SPD 54 Mandate). Das schwarze Stück der CDU zeigt fünfundzwanzig Mandate, das gelbe Stück der FDP stellt zehn und das grüne Stück ebenfalls zehn Mandate dar.

Die SPD behielt die Alleinregierung. 1991 war das nach zwanzig Jahren in Bremen vorbei. Es folgte die Ampelregierung – für die hätte ich allerdings keine Torte backen lassen.

Literatur

Eduardo Galeano: Die offenen Adern Lateinamerikas. Wuppertal 1980

Karlheinz Graudenz, Erica Pappritz: Etikette neu. 9. Aufl., München 1967

Adolf Freiherr von Knigge: Über den Umgang mit Menschen. Frankfurt am Main und Leipzig 1977

Hans-Joachim Seeler: Die Sitzung ist eröffnet – Ein Hamburger Senator erinnert sich. Hamburg 1983

Bildnachweis

Bernd Altenstein: 123 f.; Amerikanisches, Generalkonsulat Bremen (H. Paul): 91; Bibliothek der Bremischen Bürgerschaft: 71; Chris 73/ Wikimedia Commons: 81; Deutsche Botschaft Peking: 34; Edition Temmen: 49 u., 62 o., 64, 67; Wolfgang Künkel: 84; Landesinstitut für Schule, Bremen/Zentrum für Medien: 10 f., 13, 16, 19, 20, 22, 27, 111, 117 f., 126, 132; Ratskeller Bremen: 86; Sammlung Reischauer: 38 f., 42, 62 u., 72, 90, 93, 107, 109, 112; Senatskanzlei Bremen: 17, 58, 73 o./u., 78, 80, 99 f., 102, 125; Staatsarchiv Bremen: 23, 49 o.; Jochen Stoss: 4